ANDREW GAMBLE

POLITICS AND FATE

Themes for the 21st Century

21세기를 위한 주제 01

정치와 운명

앤드류 갬블 지음 · **김준수** 옮김

울력

정치와 운명 (21세기를 위한 주제 01)

지은이 | 앤드류 갬블

옮긴이 | 김준수

펴낸이 | 강동호

펴낸곳 | 도서출판 울력

1판 1쇄 | 2005년 10월 15일

등록번호 | 제10-1949호(2000. 4. 10)

주소 | 152-889 서울시 구로구 오류1동 11-30

전화 | (02) 2614-4054

FAX | (02) 2614-4055

E-mail | ulyuck@hanafos.com

값 | 10,000원

ISBN | 89-89485-39-8 03340

· 잘못된 책은 바꾸어 드립니다.

· 옮긴이와 협의하여 인지는 생략합니다

실제 역사는 운명으로 가득하지만 법칙으로부터는 자유롭다.

오즈발트 슈펭글러

우리를 괴롭히는 악들 중 얼마나 많은 악이 전혀 불필요한 것이며 사람들이 합심하여 노력하면 조만간 이를 없앨 수 있으리라는 점을 깨달은 사람은 그리 많지 않아 보인다. 모든 문명국가에서 대다수가 그것을 바란다면 우리는 20년 안에 이 세상에서 처참한 가난과 거지반의 질병과 인구의 9할을 속박하고 있는 경제적 노예 상태를 모두 철폐할 수 있을 것이다. 우리는 이 세계를 아름다움과 기쁨으로 채울 수 있을 것이고, 보편적인 평화가 지배하도록 확고하게 만들 수 있을 것이다. 이런 일들이 이루어지지 않는 것은 단지 사람들이 무감각하고 냉담하기 때문이며, 상상력이 타성에 젖어서 항상 그래왔던 것을 언제나 그러해야만 하는 것으로 여기기 때문이다. 선의와 관대함과 지성이 있다면 우리는 이런 일들을 성취할 수 있을 것이다.

버트란드 러셀

전쟁의 가능성이 전적으로 제거된 세계, 완벽하게 평화로워진 지구는 적과 동지의 구분이 없는 세계일 것이고 따라서 정치가 부재하는 세계일 것이다.

칼 슈미트

정치는 적어도 상이한 진리들에 대한 어느 정도의 관용을 나타내고 또한 경합하는 이해 관심들이 공개적으로 유세하는 와중에도 통치가 가능할 뿐만 아니라 실은 가장 잘 수행된다는 점에 대한 어느 정도의 인식을 나타낸다. 정치는 자유인들의 공적인 행위이다.

버나드 크릭

시간과 운명으로 쇠약해졌으되 의지는 강인하구나.

테니슨

차례

일러두기

1. 이 책은 Andrew Gamble의 *Politics and Fate* (Polity, 2000)을 완역
   하였다.

2. 이 책은 원서의 체제를 따랐으며, 본문 중 이탤리체로 표시된 부분은
   중고딕체로 표시하였다.

3. 본문에서 책과 신문, 잡지 등은 『 』로 표시하였고, 논문과 기사는 「 」
   로 표시하였다. 그리고 원어 그대로 표기한 경우, 책과 신문, 잡지 등은
   이탤릭체로, 논문과 기사는 " "로 표시하였다.

서문

이 책은 지금 서구에서 일어나고 있는 정치에 대한 환멸을 탐구한다. 한때 정치는 인간 사회에 자신의 운명을 통제하는 힘을 제공해 줄 수 있는 활동으로 여겨졌다. 그러나 이제는 도대체 무엇인가를 통제할 수 있는 인간의 능력, 무엇보다도 정치를 통해 통제할 수 있는 능력에 대한 짙은 비관론이 존재한다. 인간 조건에 관한 이 새로운 운명론은 우리가 지금 인간사人間事의 중대한 분수령이 되는 시기에 살고 있다고 주장한다. 그것은 20세기의 여러 자유주의적 유토피아와 사회주의적 유토피아에서 표명되었던 정치적 희망에 대한 환멸을 반영하고, 이성과 진보에 관한 계몽주의의 거대 서사敍事들 그리고 근대성 자체라는 환상으로부터의 광범위한 각성을 반영한다. 이 새로운 운명론을 가장 특징적으로 표현하는 것이 종말에 관한 끝없는 담론들이다. 역사의 종말, 이데올로기의 종말, 민족 국가의 종말, 권위의 종말, 공적 영역의 종말,

정치 자체의 종말 — 이들은 모두 근래에 선언된 것들이다. 우리 현시대의 운명은 지구화와 기술 공학에서 발생한 거대한 비인격적 힘으로 세워진 쇠창살 속에서 산다는 것, 반反정치적이면서 또한 비정치적인 사회, 대안적 미래를 상상하거나 촉진시키려는 희망도 없고 그럴 방법도 없는 사회에서 산다는 것이다. 나는 이 책에서 그와 같은 많은 담론들이 함축하고 있는 운명론 그리고 근대성에 관한 여러 중심 담론들에 상존해 왔던 운명론을 반박하고 정치와 정치적인 것을 옹호하고자 한다. 이러한 변론은 왜 우리가 정치 없이는 지낼 수 없는지를 설명해 줄 것이며, 정치와 운명 사이의 복잡한 관계 및 그 둘 사이의 지속적이고도 필수적인 긴장을 탐구할 것이다.

이 책이 에세이의 형식을 취하고 있기 때문에 나는 본문을 혼란스럽게 만들거나 논변의 흐름을 방해하지 않도록 각주와 출처의 제시를 생략했다. 오해의 소지가 있는 구절에서는 몇몇 저자들을 거명하기도 했지만, 나의 목적은 특정한 사상가들에 대한 해설을 제공하거나 정치를 논하는 현대 서구의 저술에서 발견할 수 있는 어떤 일반적인 주제들을 탐구하려는 것이 아니다. 이 책이 다루는 몇 가지 논쟁점들에 대해 독자가 더 진전된 독서를 원할 경우 참조할 수 있는 일종의 출처를 알려 주는 참고 문헌의 목록을 책의 말미에 첨부했다.

이 책이 나오는 데에 영감을 준 것들 중 하나는 셰필드

대학교의 정치학 교수였던 버나드 크릭Bernard Crick의 저서
『정치의 옹호*In Defence of Politics*』였다. 이 책은 내가 정치에
관해 읽었던 최초의 책들 중 하나였으며, 정치에 대한 나의
주장과 이해는 비록 크릭 교수의 그것과는 다를지라도 활동
으로서의 정치가 지닌 중요성과 이를 옹호해야 할 필요성에
대한 비슷한 평가에 뿌리를 두고 있다.

정치경제학연구센터Political Economy Research Centre는
이 책에서 논의되는 주제들을 사유하는 데에 매우 고무적인
환경을 제공해 주었다. 지난 수년간 지적인 후원과 격려를
해준 PERC의 모든 관계자 여러분께 감사를 드린다. 특히 개
빈 켈리Gavin Kelly, 데이비드 마퀸드David Marquand, 앵키
후그벨트Ankie Hoogvelt, 조나단 페라턴Jonathan Perraton,
마이클 케니Michael Kenny, 토니 페인Tony Payne에게서 입
은 덕이 크다. 나중의 두 사람은 폴리티 출판사Polity Press의
한 독자가 그랬던 것처럼 이 책의 초고를 읽고 도움이 되는
여러 제안과 비판을 해주었다. 이들 모두에게 응당한 보답을
하지 못했을까봐 걱정이 된다. 또한 많은 아이디어를 주고
보람 있는 토론을 벌였던 덩컨 켈리Duncan Kelly, 매튜 페스
텐슈타인Matthew Festenstein, 제임스 메도우크로프트James
Meadowcroft, 캐리 오펜하임Carey Oppenheim, 닉 스티븐슨
Nick Stevenson, 클레어 아네슬리Claire Annesley, 스티브 루
들램Steve Ludlam, 토니 라이트Tony Wright, 벤 클리프트Ben
Clift, 이안 컨스Ian Kearns, 다니엘 드레이크Daniel Drache, 브

루스 필빔Bruce Pilbeam, 알렉상드르 귀마레스Alexandre Guimaraes, 테루이자 처Teruhisa Tse, 라지브 프라바카Rajiv Prabhakar, 저스틴 벤담Justin Bentham에게도 고마움을 전한다.

폴리티 출판사의 데이비드 헬드David Held, 질 모틀리 Gill Motley, 린 던롭Lynn Dunlop에게도 이 책을 집필하는 동안 보내 준 격려와 인내에 감사드리며, 톰Tom, 코리나 Corinna, 사라Sarah에게는 지나치게 비판적이지 않았던 것에 감사한다.

앤드류 갬블
셰필드에서

I. 운 명

만일 정치가 종말에 도달했다면, 그것이 우리의 운명이라면, 이는 우리에게 무엇을 의미하는가? 근대에는 정치가 우리는 누구이고, 무엇을 지녀야 하며, 어떻게 살아야 하는가와 같은 정치의 근본적인 문제들에 대한 답변을 구할 수 있는 정치적 영역이라는 공간을 창출함으로써 인간 사회에 자신의 운명에 대한 통제력을 제공해 주리라고 약속했다. 이렇게 이해된 정치는 정체성과 충성, 권력과 자원, 질서와 규칙들을 함의한다. 정치는 경합하는 당파와 운동들, 사회적·경제적 질서의 대안적 원리들과 이 원리를 실현하려는 경쟁을 야기하면서 상이한 이해 관심들과 이데올로기들과 가치들 사이의 지속적인 충돌을 보여 준다. 정치는 공적 의지와 공공 목적의 형성, 무엇이 보존되어야 하고 무엇이 개혁되어야 하며 무엇이 공적인 것이고 무엇이 사적인 것인가와 같은 공적 이해 관심의 결정, 사회를 다스리는 규칙들과 관련된다. 그런데 이 모든 생각들의 밑바탕에는 우리 자신과 우리 사회가 어떻게 될지는 우리의 손에 달려 있다는 믿음이 깔려 있다.

20세기에 일어난 여러 사건들은 이러한 낙관론을 약화시켰으며, 인간에게 도대체 더 이상 무엇인가를 통제할 수 있는 능력, 특히 정치를 통해 통제할 수 있는 능력이 있는지에 대한 회의론을 유포시켰다. 정치를 활동activity과는 다른 것으로 보는 견해들이 우세하게 되었다. 어떤 이는 정치란 구제가 불가능할 만큼 보수적이고, 부패와 낭비와 비능률과 자기 이익의 소굴이며, 혁신과 변화를 방해하는 견고한 장애물이자 사회에서 가장 역동적이지 못한 부분이라고 조롱한다. 또 어떤 이는 정치가 본래부터 전체주의적이고, 갈등을 격화시키며, 이데올로기적 몰입을 부추기고, 인간이 자신의 세계를 빚어내는 능력에 대한 오만을 조장하여 사악한 독재로 이끄는 것이라고 두려워한다.

이와 같은 반정치적 정서는 "종말론endism"의 창궐에서 그 추진력을 얻어 왔다. 최근에는 정치를 논하는 대부분의 저술들에서 묵시론적인 어조가 증폭되어 왔고, 대중 매체들은 거의 모든 것의 종말, 그중에서도 특히 이데올로기, 역사, 권위, 민족 국가nation-state의 종말을 선언하는 책들과 기사들로 넘쳐 난다. 한때 정치와 정치적 영역을 규정하던 모든 술어들은 이미 그 유효 기간이 만료되었으며 고갈되고 폐지되었다고 선언한다. 종말론의 지지자들 중 일부는 이런 변화를 개탄하지만 대부분은 이에 환호한다. 이들은 더 나아가 정치 자체의 종말을 고대한다.

서구 사상에서 항구적인 주제 중 하나는 정치도 없고 갈등도 없는 세계에 대한 꿈이다. 그런 사회를 실현하는 것이 가능한가? 아니면 정치적인 것the political은 인간으로 존재한다는 것이 무엇인지를 규정하는 하나의 대체 불가능한 일면인가? 서구적 상상력에 출몰했던 많은 유토피아들은 실제로 비정치적인 장소이다. 이전에는 정치가 수행하던 모든 임무를 유토피아에서는 보이지 않는 손invisible hand이나 지고의 지성이 계획·실행하여 더 이상 주의를 기울일 필요가 없게 된다. 하지만 이런 유토피아들 대부분은 정치를 통해 산출해야 할 성과로 구상되었으며, 그 성과가 이룩된 이후에야 비로소 정치가 불필요하게 되리라고 예견했다. 오늘날에는 정치가 소멸하고 있다고 단언하는 것, 더구나 그것이 자유주의적이건 총체주의적이건 그 어떤 유토피아가 성취되기도 전에 이미 소멸하고 있다고 단언하는 것이 일반화되었다. 사람들은 현시대가 반정치적이고 비정치적이라고 선언한다. 정치를 불신하고 경멸하라는 주장이 제기되고, 정치에 대한 신뢰가 하락함에 따라 정치에 대한 관심과 관여도 감소한다. 정치를 위한 공간이 수축되고 있으며, 이에 따라 우리의 현재 상황에 대한 어떤 진지한 대안을 상상하거나 실현시킬 수 있는 가능성 역시 줄어들고 있다. 이것이 마치 우리의 운명인 듯이 보인다.

정치적인 것의 관념

하지만 꼭 그래야만 하는 것은 아니다. 정치는 여전히 많은 것을 제공해 줄 수 있다. 그런데 우리는 통상적으로 정치 내지 정치적인 것이란 말의 의미를 충분히 이해하고 있지 못하다. 그렇게 된 이유는 부분적으로 정치 내지 정치적인 것이란 용어가 논란의 여지가 없을 만큼 단일한 의미를 지니고 있지 않다는 데에 있다. 정치라는 말은 종종 기술적記述的으로 통치(정부government)에 관련된 사안이나 일반적인 정치 생활의 어떤 양상을 지시하기 위해 사용되기도 하고 또 통치에 관한 학문과 기술技術을 지시하기 위해 사용되기도 하는데, 이런 점이 이 용어를 팔방미인 같은 것으로 만든다. 하지만 이 용어가 보다 엄밀한 방식으로 사용되기도 했다. 이는 정치적인 것의 본성이 무엇이며, 그것이 세계를 보는 다른 방식들과 어떻게 구별되어야 하는지에 대한 규정에 달려 있다. 정치적 사고가 지닌 변별적인 특색 중 하나는 그 코드가 이항적二項的이라는 점이다. 즉, 그것은 공과 사, 적과 동지, 포함된 것과 배제된 것 사이의 근본적인 대립을 채택한다. 이러한 대립은 뚜렷하게 구별되고 또 때로는 서로 경합하는 세

가지 정치관을 낳는다.

한편으로는 이미 확립된 정치 체제 내에서 서로 경쟁하는 이해 관심들을 조정하고 사회를 다스리는 공적 영역과 공적 담론을 창조하는 활동으로 정치를 보는 사람들과, 다른 한편으로는 누가 한 국가에 속하고 누가 속하지 않는지 그 신원을 확인함으로써 국가를 주권적 정치 실체로 먼저 구성하고 보존하는 활동으로 정치를 보는 사람들이 우선 서로 나뉜다. 전자는 공과 사의 구분에 바탕을 두고, 후자는 적과 동지의 구분에 바탕을 둔다. 전자에 따르면, 오로지 공적 영역이 존재할 경우에만, 다시 말해서 다양성을 인정하면서 심의하고 협상하고 이해 관심들을 대표하고 정체성을 표현할 수 있는 공간을 허용하는 일단의 제도들이 존재할 경우에만 정치적인 것이 실제로 존재할 수 있게 된다. 통치는 이 공적 영역의 일부이긴 하지만 공적 영역 전체는 아니며 또한 정치와 대비되기도 한다. 권위주의적 정권하에서처럼 시민 사회의 이해 관심과 의견들을 표명할 수 있는 경로가 아예 없거나 또는 몇몇 민주 정체에서처럼 시민 사회의 이해 관심과 의견들이 표명되기는 하지만 통치의 실제 운영이 이로부터 괴리되어 있기 때문에, 정치가 억눌리지만 그런 와중에도 통치는 존재할 수 있다.

반면에 두 번째 정치관에 따르면, 심의하고 대표하는 형식을 통해 무엇이 공적이고 무엇이 사적인지를 확정하는 일보다 모든 정치적 실체의 토대인 정체성을 확정하는 일이 훨씬 더 중요하다. 국가는 단지 여러 결사체들 중의 하나에 불과한 것이 아니라 개인이 소속되는 최고의 결사체로 간주된다. 전쟁이 일어났을 때 국가는 공동체인 민족을 위해 시민의 생명을 희생할 것을 급기야 요구할 수도 있기 때문이다. 첫 번째 정치관에서와 마찬가지로 여기서도 정치적인 것은 다양성이 존재한다는 점에 의존하지만, 여기서는 국가 내에서의 이해 관심이나 의견이나 정체성의 다양성이 중요한 것이 아니라 잠재적으로 서로의 존립을 위협하는 다수의 국가들, 서로 분리되어 있는 다수의 배타적 자주 국가들이 존재한다는 데에서 발생하는 다양성이 중요하다. 이것이 참인 한에서만 국가는 정치적 실체로 존재한다. 따라서 만일 언젠가 세계 국가가 실제로 존재하게 된다면, 자신을 방어하기 위해 맞설 타자가 존재하지 않을 것이므로 그 국가는 정치적 실체가 되지 못할 것이다.

　이 두 정치관의 주창자들은 서로 자신에 대립하는 정치관에 종종 반정치적이라는 딱지를 붙이곤 한다. 이는 서구의 전통에서 정치 질서의 요건에 관한 정치적 사유에 늘 붙어다니던 오래된 논쟁이다. 그러나 두 견해 간의 불일치는 어쩌면 과장된 것일 수도 있다. 두 정치관 모두 현대 국가를 이해하는 데에 정치적인 것이 중요하다는 점을 강조한다. 그리고 정치적인 것을 충실하게 고찰하기 위해서는 실은 두 정치관의 통합이 요구된다. 우리 시대에 정말로 반정치적인 이론들은 정치적인 것을 현대의 경험에 중심적인 무엇으로 보지 않고 보다 심층의 더 근본적인 힘들 위에 기생하고 따라서 쉽게 사라져 버리는 어떤 것으로 취급한다. 이런 반정치적인 논변들은 종말론을 논하는 대부분의 저술들에서 발견된다. 이 논변들은 활동으로서의 정치가 지닌 두 가지 의미 모두에서 정치적인 것이 쇠퇴하고 있다고 주장한다. 기술적 행정이 확대되고 국가 간의 갈등이 줄어듦에 따라 공적 영역은 수축되고 있으며 주권 국가도 약화되고 있다는 것이다.

세 번째 정치관은 정치라는 용어의 일상적인 용법에 보다 더 가깝다. 여기서 정치적이라 함은 어느 한 편을 편드는 것이고 당원이 되는 것이다. 이 정치관은 정치를 이득을 얻기 위해 싸우는 당파, 권력 투쟁, 개인이나 집단의 출세에 결부시킨다. 이때 개인이나 집단은 원칙과 가치들을 자신의 이해 관심에 봉사하는 수단으로 사용하기는 하지만, 그것에 그 이상의 애착을 가지지는 않는다. 정치란 계략, 술책, 음모, 권모술수, 로비, 조작 등과 관련된 일체의 것이다. 그렇기 때문에 관청에서는 종종 정치를 대립과 결합된 파괴적이고 분열적인 활동으로 간주해 왔다. "저들의 정치 활동을 분쇄하라. 저들의 사악한 책략을 무찔러라. … 국왕 폐하 만세"라는 18세기 영국 국가國歌의 가사에 나타나는 것처럼 정치는 권력에서 배제된 자들이 종사하는 것이다. 그러나 이런 종류의 정치를 억제하는 일은 결코 쉽지 않았으며, 이런 종류의 정치가 아예 없는 정권은 존재해 본 적이 없다. 그것을 판에서 모두 몰아낼 수는 없다. 이런 정치는 영향력을 지닌 자, 의제를 설정할 수 있는 자, 자신의 이해 관심에 유리하도록 결정을 얻어낼 수 있는 자에게 초점을 맞춘다. 그것은 신분과 지위의 정치, 보호자와 피보호자의 정치, 권력 주변에서 늘 번창하는 궁중 정치politics of the court이다.

권력, 정체성, 질서

이 마지막 의미의 정치는 결코 사라지지 않을 것이며, 그 누구도 정말로 그것이 사라지리라고 제언하지는 못할 것이다. 그러나 어쩌면 정치가 마침내는 이런 의미의 정치적인 것만이 남게 될 때까지 위축될 수도 있지 않을까? 정치적인 것이란 주권이나 공적 영역을 창조하는 일이라는 생각은 인간 사회가 자신의 장래를 빚어낼 수 있다는 근대적 확신의 핵심을 차지하고 있었다. 그런데 바로 이런 생각이 우리 세계에서 사라지고 있지 않은가? 이 책은 사정이 그렇지 않으며, 그렇게 되지도 않을 것이라고 주장한다. 정치적인 것의 세 가지 차원 — 즉, 권력power으로서의 정치, 정체성identity으로서의 정치, 질서order로서의 정치 — 으로 구성된 정치적 영역은 인간의 경험과 능력을 이루는 결정적인 요소로 남을 것이다. 국가는, 국가라고 하는 것은, 이 세 가지 차원 모두를 필요로 한다. 활동으로서의 정치는 이 영역을 지탱하는데, 그렇게 하기 위해서 정치는 정치적인 것의 세 가지 차원 모두와 맞물려 있어야 한다. 하지만 그 어느 국가에서도 정치적 영역의 현실적인 실체가 미리 확정되어 있지는 않다. 그것은 정치 활동 자체에 의해 비로소 형성되어야 한다.

권력은 정치적인 것의 도구적 차원으로서, "누가 무엇을 언제 어떻게 획득하는가?"를 묻는다. 권력은 누가 포함되고 누가 배제되는지, 누가 "안에" 있고 누가 "밖에" 있는지에 대한 결정이 이루어지는 공간이다. 그것은 공적 지위에서부터 세금과 연금에 이르기까지 그 분배를 정하고 공무원에 의해 직접 통제되는 행정과 규제의 결정을 조정하면서 자원이 배분되는 방식을 확정한다. 그러므로 권력으로서의 정치는 그 어떤 제도화된 권력 체계도 떨쳐 버릴 수 없는 궁중 정치를 포함한다. 그러나 그것은 또한 정당과 압력 단체들의 조직 그리고 외연상의 국가를 둘러싸고 생겨난 네트워크와 정책 단체들을 포괄하기 때문에 궁중 정치보다 그 폭이 더 넓다. 그것은 공통의 지반을 모색하고, 합의와 연합을 이루며, 적대자들을 화해시키고, 충분한 동의와 정당성을 얻을 수 있는 해결책을 발견하고, 결정권자에게 접근할 수 있도록 만드는 등의 임무와 관련된다. 정치 체제를 구성하는 다양한 이해관심들 사이의 중개인으로서 정치인의 역할은 민주적 체제에서 중차대하다. 이런 점은 권위주의적 체제에서 그런 역할이 부재할 때 더욱 뚜렷이 드러난다. 그러나 어떤 체제이건 공적 직무, 공공 계약, 세금, 연금 등을 배분하기 위한 기제를 필요로 한다. 그러한 것으로서 정치는 영원한 매력을 유지하는데, 이는 무엇보다도 서로 다른 문화와 정치 체제들 사이에 커다란 상이성이 존재하기 때문이다.

정체성은 정치적인 것의 표현적 차원으로서, "우리는 누구인가?"를 묻는다. 그것은 가치와 원칙들 중에서 선택이 이루어져야 하는 공간, 사람들이 자신은 누구인지를 정의하는 공간, 사람들이 정체성을 받아들이고 인정하면서 일단의 특정한 책무, 충성, 의무, 책임을 떠맡게 되는 공간이다. 어느 한 정체성을 선택하거나 긍정한다는 것은 세계를 특정한 방식으로 본다는 것을 의미하며, 그러한 정체성은 필연적으로 다른 정체성들과의 관계 속에서 규정된다. 여기서 정치는 우리와 그들, 동지와 적이라는 구분에 의거하여 세계를 이해하는 것과 관련된다. 정치적 정체성은 비교적 확고할 수도 있고, 아니면 나이, 성, 계급, 국적, 종교, 이념, 인종 같은 우연한 사실들에 의해 규정될 때처럼 훨씬 더 유동적일 수도 있다. 그것은 비교적 일차원적일 수도 있고, 아니면 복합적이면서 중첩적일 수도 있다. 다른 무엇보다도 가장 중요한 정체성은 국가 자체이다. 왜냐하면 국가는 정치가 지닌 다른 형식들의 토대를 형성하기 때문이다. 만일 모든 이가 동일한 가치를 공유한다면 서로 다른 정치적 정체성은 존재하지 않을 것이다. 그러나 사람들의 경험이 다양한 한에서 가치들 역시 다양할 것이다. 그래서 정치적 의의를 지니는 여러 상이한 정체성들을 구성하고 서로 동화시키며 적응시키기 위한 공간이 창조된다. 이 공간이 바로 정치적 공간이다. 정당들이 이 공간을 식민지화하고 통제하려고 애쓸 수도 있겠지만 그것을 독점할 수는 없다. 정치가 지닌 에너지와 정서적 잠재력의 대부분은 예측할 수 없는 심층의 흐름에서 기원한다. 이 심층의 흐름이 정치적 정체성을 결정하는데, 그것은 대도시의 엘리트들이 고안하는 자기 이익적 술책과는 거리가 먼 세계이다.

질서는 정치적인 것의 규제적 차원으로서, "우리는 어떻게 살아야 하는가?"를 묻는다. 그것은 사회적 활동 전반의 틀을 확정하고 구속력 있는 규칙의 수립과 시행을 결정하는 공간이다. 질서는 우리가 국가의 헌정憲政이라든가 정부의 각 부서들이 갖는 권력을 확정하는 규칙이라든가 대의代議와 선거, 권리와 책임의 기제 등으로 이해하는 것을 포함하지만 또한 그보다 더 광범위하다. 정치 체제와 사회를 구성하는 것으로는 또 그 사회 내에서의 사회적 교환과 상호 행위의 양식을 조형하는 제도적 장치들이 있다. 이것들은 통치보다 더 광범위한 관리governance 제도이며, 시장이나 네트워크나 가정 등과 더불어 단체나 협회 같은 것들도 포함한다. 그와 같은 사회와 경제의 관리 양식들은 모두 궁극적으로 정치적인 재가를 받아야만 하며 정치적으로 지탱되어야 한다. 이런 제도들 중 상당수는 정치적 불일치가 생길 수 있는 소재가 전혀 아니기 때문에 마치 자연의 산물인 듯이 보일 수도 있다. 그러나 사회적 위기 상황에서는 사회 질서의 궁극적인 정치적 기초가 노출된다.

권력과 정체성과 질서라는 정치의 세 가지 차원은 모두 갈등을 내포하고 있다. 즉, 자원이 어떻게 배분되는지에 대해 누가 결정권을 가지며 어떤 결정인가에 관한 갈등, 전혀 다른 성질을 지닌 정체성들 사이의 갈등 및 그것들이 어떻게 표현되고 대표되는가에 관한 갈등, 상이한 정치적·경제적·사회적 질서들의 구성 원리에 관한 갈등 등을 말이다. 이 세 가지 차원으로부터 변별적이면서 다층적인 정치관이 발생하는데, 이 정치관은 세계에 질서를 부여하고 세계를 변화시키는 데에 정치가 기여할 수 있다고 믿는다. 그런데 바로 이 정치관이 현시대에 부활한 운명론에 의해 도전을 받고 있다.

운명의 관념

인간은 언제나 운명에 사로잡혀 있다. 운명은 마치 검은 그림자처럼 인간 위에 드리워져 있다. 운명은 유한성, 즉 그것이 개인의 삶이 되었건 인류의 삶이 되었건 삶이란 자연적 한계를 지니고 있다는 사실에 대한 인식을 함축한다. 각 개인의 운명은 자신의 죽음이고, 인류의 운명은 태양이 한정된 기간만 존재할 수 있기 때문이건 아니면 다른 어떤 자연적 원인에 의해서건 지구 위에서의 삶이 소멸되는 것이다. 이런 의미에서의 운명은 불가피하고 변경할 수 없는 인간 조건의 특징들이 있다는 사실에서 힘을 얻는 관념으로서 항상 인간 문화의 한 중요한 요소를 이루어 왔다. 삶은 운명과 영구한 창조적 긴장 관계 속에서 대립하고 있다.

운명fate은 또한 숙명destiny을 함축한다. 일단 이 자연적 한계를 이해하고 나면 그것은 우리의 숙명을 규정한다. 그러나 운명은 또한 이와 다른 의미에서 숙명을 뜻할 수도 있다. 즉, 그것은 단지 그 어떤 삶도 종말을 맞을 수밖에 없기 때문만이 아니라 모든 삶이 제각각 미리 결정되어 있는 양식과 내용을 가지고 있기 때문에 우리는 매우 특정한 방식으로 예정되어 있다는 생각을 의미할 수 있다. 우리의 삶을 구성하는 특정한 사건들과 그 삶을 마감하는 특정한 상황들은 모두 예정되어 있다. 그것은 어떤 식으로든 사전에 결정되어 있어서 자유 의지나 선택이라는 개념을 모두 무의미하게 만들어 버린다. 우리의 운명은 우리 자신의 외부에 존재하는 그 무엇, 그것이 일단 드러나면 우리 삶의 의미를 표현하는 그 무엇이다. 그러나 우리에게 무슨 일이 닥칠지를 정확히 예언할 수 있는 방법을 가지고 있다고 주장하는 점쟁이와는 달리 이런 유형의 운명은 보통 삶이 끝나고 나서야 비로소 드러난다. 그럴 때에만 그 삶의 의미가 이해될 수 있는 것이다.

그러므로 운명이라는 개념은 종말end이라는 개념과 밀접하게 결부되어 있다. 종말 개념은 종료나 소멸 혹은 가장 명백하게는 삶의 종말인 죽음을 가리키기도 한다. 그러나 그 것은 또한 인생의 의미나 목적을 지시하는 데 사용되기도 한다. 종말에 대한 이 두 가지 개념 모두가 사회적 변화와 발전을 이해하는 데 적용되었다. 20세기 말에 이르러서는 그나마 좀 더 위안을 주던 세상의 종말을 알리는 예고들이 역사의 종말이라든가 민족 국가의 종말이라든가 정치의 종말을 선언하는 산더미 같은 양의 저서들과 기사들로 거의 뒤덮였다. 이런 저술들은 현대 세계와 현대 문명의 운명을 폭로하려고 애쓴다. 그러나 최후의 날이 정말로 (마침내) 다가왔다고 믿는 몇몇 예언자와는 달리 종말론의 지지자들은 현대 사회가 이제 소멸되려 한다고 믿지는 않는다. 그들이 주장하는 바는 그보다는 세계를 이해하는 일정한 낡은 방식, 일정한 낡은 행동 양식과 일정한 종류의 제도가 종말에 다다랐고, 새로운 것들이 이를 대체하려고 준비 중이거나 아니면 이미 여기에 존재한다는 것이다.

우리가 역사의 종말이나 정치의 종말을 목격하고 있다는 주장은 인상적이긴 하지만 대부분 수사적인 주장에 불과하다. 문자 그대로 받아들이자면, 종말론은 민족 국가 같은 일정한 사회 형식이 소멸되고 있다는 것을 함의한다. 특정한 왕조나 제국이나 정권은 몰락할 수 있겠지만 사회 내지 사회 형식이 그런 의미에서 결정적이고 최종적으로 종말을 맞지는 않는다. 1453년 터키 족에 의한 콘스탄티노플 점령은 비잔틴 제국과 천년 이상 존재해 왔던 그 독특한 문명에 종말을 가져왔다. 그러나 전쟁과 정복의 역사를 제외하면 그와 같은 최종성을 지닌 사건들은 거의 존재하지 않는다. 그리고 비잔틴 제국의 종말이 제국 일반의 종말을 의미하지도 않았다. 오토만 제국이 바로 그 자리에서 일어났던 것이다. 과거와의 급격한 역사적 단절을 나타낸다고 여겨지는 혁명들조차도 엄밀하게 검토해 보면 혁명 이전에 존재했던 사회 및 국가와의 연속성이라는 요소를 강하게 지닌다는 점이 흔히 발견되곤 한다.

그렇게 되는 이유를 찾기란 어렵지 않다. 특정한 국가 형식 — 지난 3세기 동안 국제 체제에서 그토록 지배적인 역할을 담당해 온 민족 국가라든가 이제는 사라진 식민주의적 대제국 같은 국가 형식 — 의 소멸은 쉽게 생각할 수 있는 반면에, 국가 자체의 소멸을 생각하기란 쉽지 않을 뿐더러 역사나 정치 같은 종류의 실체가 소멸되리라고 생각하기란 더더욱 어렵다. 그러한 소멸을 생각한다는 것은 그것들이 그 구성 부분을 이루는 문명과 문화가 소멸된다는 생각을 함축할 것이다. 소멸이라는 용어를 민족 국가 같은 특정한 국가 형식에 적용하는 것조차 신중하게 사용해야 할 필요가 있다. 만약 민족 국가처럼 깊이 뿌리를 내린 사회 형식이 갑자기 전면적으로 소멸하기 시작한다면, 이는 매우 놀라운 일이 될 것이다. 그것이 소멸한다 하더라도 민족 국가는 오랜 기간에 걸쳐 서서히 사라져 갈 것이다.

그러므로 민족 국가라든가 역사라든가 권위와 같은 종류

의 실체에 적용하면서 "종말"이라는 용어를 사용하는 것은 소멸이라는 말로 이해하기보다는 역사나 정치나 권위 양식의 어떤 특정한 국면이 일정한 의미에서 종결되었고 그와는 다른 어떤 것으로 대체되었다는 주장을 제기하는 것으로 이해하는 편이 더 나을 것이다. 그런 변화를 단순히 옛것이 새것으로 대체되는 것으로 이해할 수도 있고 혹은 옛것이 새것으로 이행하면서 새것 안에 포섭되는 과정으로 이해할 수도 있다. 변화에 대한 이 두 번째 이해 방식이 더 미묘한 것이다. 그것은 삶이나 사회 형식의 진행에 대해 반성하고 이해한다는 것은 오직 그 진행이 자신 안의 모든 잠재력을 완전히 전개하고서 더 이상 창조적인 힘을 보이지 못하게 된 연후에야 비로소 가능하다는 점을 시사한다. 그런 삶이나 사회 형식은 계속 잔존하겠지만 이미 과거에 속하는 것이다.

숙명으로서의 운명

종말이라는 용어가 지닌 이 두 가지 의미는 우리가 운명을 더 잘 이해하는 데에 도움을 준다. 우리가 본 바와 같이 가장 일반적으로 사용될 때 운명이란 말은 숙명, 일어나기로 되어 있던 것, 예정되어 있고 변경될 수 없는 그 무엇을 나타낸다. 이런 숙명 개념은 인간 조건 자체 — 우리는 모두 죽을 것이

라는 지식 — 에 적용될 수도 있고, 인간 삶의 특정한 사건들
에 적용될 수도 있다. 숙명 개념의 내용은 여러 종교에서 그
렇듯이 흔히 초자연적이거나 신학적인 결정 사항들로 채워
지곤 한다. 이 단어가 유래한 고대 그리스 문화에서 운명은
글자 그대로는 "언도된 것," 즉 신의 판결을 의미했다. 그 판
결이 유리할 수도 있고 불리할 수도 있다. 하지만 숙명 개념
은 거의 독점적으로 후자의 용법 그리고 형벌이라는 관념과
연합하게 된다. 우리는 일어나도록 운명 지워진 사건이라는
말을 한다. 그 결과 숙명으로서의 운명은 죽음, 파괴, 파멸과
음울하게 연합하게 되었고, 세계 운명론world-fatalism으로
향하는 특정한 태도로 이끌게 된다. 운명론자가 된다는 말은
사건이 어떤 다른 결과가 나올 수 없는 방식으로 전개되며
인간의 행위 작용으로 어떤 변화가 일어날 수 있으리라는 희
망도 없이 그렇게 될 수밖에 없다고 믿는 것이다. 하지만 이
는 그 결과가 언제나 필연적으로 나쁘다는 것을 의미하지는
않는다. 운명론자이면서 낙관주의자가 될 수도 있다. 이를테
면 섭리라는 종교적 이념에서는 세계가 미리 정해진 방식으
로 작동하지만 그 결말은 은혜롭다. 하지만 비관주의와 결합
된 운명론이 더 자주 발견된다. 일상 언어에서는 이런 측면
이 채택된다. 운명이라는 말이 어느 개인에게 일어나는 좋은
일을 기술하는 데 사용되는 경우는 드물고, 나쁜 일로 간주
되는 사건과 결과에 적용되는 경우가 일반적으로 훨씬 더 많
이 발견된다.

운명론은 사회사상과 정치사상에서 사회 변화에 대한 근본적인 정향定向들 중 하나이며 종말론을 다루는 저술들은 단지 그 최근 사례일 뿐이다. 예전의 사례들은 사회 발전에 관한 장문長文의 결정론적 교설들을 포함하고 있었다. 역사의 종말이라든가 민족 국가의 종말이라든가 정치의 종말이 근대성modernity의 운명으로 제시된다. 이 특정한 형식들은 사라지도록 운명 지워져 있으며, 이를 저지하기 위해 누군가가 할 수 있는 일이란 아무것도 없다는 것이다. 예를 들어, 민족 국가의 운명은 민족 국가를 잠식하고 주변화 하는 세계화의 과정에 의해 결정되어 있다. 일단 세계화가 출현하고 나면 민족 국가는 이미 사형 판결을 받은 것이다. 왜냐하면 세계화의 논리는 냉혹하며 오직 한 가지 결과만을 용납하기 때문이다. 어느 누구도 그것을 계획하지 않았지만 민족 국가는 소멸되어 가는 도상에 있다.

그러므로 종말론은 근대성의 운명에 관한 일단의 담론들이라고 독해할 수 있다. 현시대에 극히 이질적인 성격을 지닌 문헌들을 함께 묶어 주는 끈은 종말론이 처음에 계몽주의의 교설들로 시작된 근대성과 근대화의 서사들을 폐위시키려고 기도한다는 점이다. 계몽주의의 교설들은 역사와 사회에 관한 일단의 메타 서사들meta-narratives인데, 그것은 순환적 변동론을 거부하고 진보의 이념을 지지했다. 이 교설들은 사회를 보다 덜 잔혹하고 보다 덜 억압적으로 만들 수 있으리라는 희망과 결합되어 있었다. 그리고 그것은 역사란 인간 사회의 조건이 전반적으로 개선되리라는 희망 없이 반복적 순환을 통해 영원히 소용돌이친다는 고대의 통상적인 관념이나 또는 구원이 있기는 하지만 그것은 현세에서가 아니라 내세에서일 뿐이라는 중세 기독교적 관점을 거부한다. 자유주의나 사회주의 같은 계몽주의의 거대 서사로 결정結晶된 근대의 혁명적 이념들은 개인들이 공동으로 자신의 처지를 개선하고 예전에 인류 복지의 향상과 인류 고통의 방지라는 이름 아래 존재했었던 모든 것에서 더 진전된 사회를 창조할 수 있으리라는 생각을 조장했다. 그리고 이를 위해 과학과 민주주의와 자본주의를 어지럽게 뒤섞어 이용했다.

종말론은 근대성이 초래한 참담한 결과들이 드러났을 때 계몽주의의 이념들과 근대성 자체에 대해 일어났던 훨씬 더 광범위한 환멸의 일부이다. 그것은 정치의 종말, 역사의 종말, 민족 국가의 종말, 권위의 종말, 공적 영역의 종말을 자신의 운명에 대한 통제자가 되고자 하는 인간의 야심이 종말을 맞았다는 징표로 간주하는 지극히 현대적인 운명론이다. 그 대가로 인간은 근대성이 이 세계에 풀어놓은 힘들에 예속되었다. 인간은 현대 세계를 규정하는 일련의 쇠창살들 — 관료주의, 기술 공학, 세계 시장 — 에 갇혀 있다. 이 쇠창살들은 사회 조직과 인류 번영의 대안적 형식을 위한 가능성을 협소화하는 일련의 제약들을 부과한다. 그것은 희망이 위축되고 정치를 위한 공간이 폐쇄되었다는 점을 나타낸다. 또한 그것은 근대 이전에 존재했었던 어떤 잃어버린 황금시대로 되돌아가거나 또는 자유의 새 시대를 향해 전진함으로써 이 세계를 바꿀 수 있는 능력을 상실한, 그것도 회복할 수 없을 정도로 상실한 그런 시대의 환멸을 가리킨다.

종말론을 논하는 저술들이 내세우는 중심 주장들 가운데 하나는 20세기가 진보라는 이념의 종말을 목격했다는 것이다. 그것은 길고도 더딘 죽음이다. 진보의 이념은 근대성에 대한 우리의 이해와 깊숙이 얽혀 있어서 심지어 아직까지도 잔존하고 있다. 계몽주의적 거대 서사들에 대한 비난의 요점은 그것들이 사태가 개선될 수 있고 개선되리라는 희망, 이제는 근거 없는 것으로 밝혀진 희망에 근거를 두고 있다는 점이다. 자본주의는 사회주의로 대체되지 않았다. 세계 시장이 출현했지만 세계 정부는 나오지 않았다. 과학은 지식을 통한 해방으로 인도하기는커녕 지구에 대한 점점 더 파괴적인 기술 공학적 지배로 이끌었다. 민주주의는 공적 사안에 참여함으로써 자기를 계발하고 인류 번영에 기여할 수 있는 공간을 마련해 주는 대신 냉소적이고 자기 자신에게만 봉사하는 전문 엘리트들이 번갈아 교대하는 수단으로 전락할 만큼 공동화空洞化되었다.

우연성으로서의 운명

이런 관점에서 바라본 근대성의 운명은 암울하기만 하다. 질서와 목적을 제공했던 서사들이 더 이상 신뢰받지 못하고 기각될 수밖에 없다면, 그 무엇에서 의미를 찾을 수 있겠는가? 세계를 이해하고 세계 안에서 행위하는 데에 필요한 합리적인 기준을 제공해 줄 수 있는 기초가 존재할 가능성이 없다면, 우리는 우리의 신념에 관하여 우리 자신이 처해 있는 즉각적인 상황만을 그 타당성의 유일한 원천으로 삼는 철저한 상대주의에 빠질 수밖에 없도록 선고받은 것처럼 보인다. 그런데 이런 상대주의의 공간마저도 근대성이 만들어 놓은 쇠창살에 의해 옥죄이게 제약받고 있다는 것이다. 행위 작용도 죽고 희망도 죽었다는 이런 전체주의적인 전망은 20세기 내내 그 가공할 참사들이 펼쳐질 때마다 되풀이하여 환기되었던 것이다. 그러나 그것이 예언하는 전체주의적이고 일차원적인 미래가 꼭 수용소와 철조망을 함의하는 것은 아니며, 단지 공동 기획과 공동의 자기 결정에 참여할 수 있는 모든 가능성이 사라져 버린 전적으로 개체화된 세계의 깊은 절망을 함의할 뿐이다.

   그러나 우리가 성급하게 비관론에 빠지기 전에 한 가지 대안이 있다. 거대 서사가 정말로 종말을 맞았으며, 거대 서사가 우리의 경험을 구축하고 질서를 부여했던 방식대로 믿

는 것이 더 이상 불가능하다고 잠시 상정해 보자. 그런데 이
는 구속적이기보다는 오히려 해방적이다. 왜냐하면 이 메타
서사들은 그 자신의 운명론을 체현하고 있으며, 이 메타 서
사들이 모두 끝났다는 생각은 그 자체가 그 자신의 운명론적
가정들을 동반하는 하나의 특정한 메타 서사이기 때문이다.
그러니 모든 메타 서사들의 종말을 진지하게 받아들이도록
하자. 메타 서사들의 종말이라는 메타 서사를 포함해서 말이
다. 그러면 종말을 맞은 메타 서사들을 대신하여 최소한 새
로운 개방성과 유연성과 기회의 가능성이 들어서게 된다.

　　이 새로운 공간을 어떻게 기술해야 할까? 우리는 분명 이
를 기술할 수 있는 언어를 가지고 있다. 그것은 다름 아닌 정
치의 언어이다. 정치는 우연성의 영역이며, 그 안에서 운명은
어떤 예정된 것에 의해서 결정되기보다는 가망성과 우연에
의해 결정된다. 제약이 전혀 없는 세계를 상상하기란 불가능
하므로 정치가 운명을 풀어헤치지는 못한다. 그렇지만 정치
의 존재는 우리 자신과 우리 사회의 운명에 대해 또 다른 관
점을 제공해 준다. 정치라는 이념은 불가피한 숙명으로 이해
된 운명과 근본적으로 대립하기 때문에, 정치는 운명이 제약
의 쇠창살로 전화되는 것을 막을 수 있다. 정치가 존재하는
한 운명은 고착되지 않는다. 종말론을 다루는 대부분의 저술
들은 모든 것이 이미 정해져 있으며 미래는 본질적으로 변경
이 불가능하다고 짐짓 꾸밈으로써 정치를 무력화시키려고
애쓴다. 하지만 운명을 우연성으로 이해한다면, 운명은 더 이

상 발견되기만을 기다리면서 우리 위에 드리워져 있는 어떤 예정된 것이 아니라 부분적으로는 우리 자신에 의해 구축되는 것이다.

정치가 종말을 맞았다는 주장은 사회 질서를 구성하고 쇄신하고 변형시키는 것을 목표로 삼는 활동과 실천으로서의 정치가 그 중요성을 다 소진했다는 주장이다. 인간 행위가 옥죄이게 제약받는다는 말은 오직 하나의 질서만이 가능하다는 것을 의미한다. 여기서 주장하는 바는 단지 정치의 어느 특정한 국면, 세계 역사의 어느 특정한 시대, 세계 경제의 어느 특정한 시기가 종말을 고했고, 새로운 국면과 새로운 시대가 시작되었다는 것이 아니다. 그보다는 세계가 근대성을 넘어선 단계로 이행했으며, 이 새로운 단계에서는 근대에 이해했던 바대로의 정치가 더 이상 의미를 갖지 않는다고 주장하는 것이다. 이 책은 바로 이런 주장을 탐구하고 논박하고자 한다.

정치가 사망했다는 주장은 사뭇 다양한 형식으로 제기된다. 여기서는 역사의 종말, 민족 국가의 종말, 권위의 종말, 공적 영역의 종말이라는 네 가지 상이한 주장들을 검토할 것이다. 이 네 가지 종말에는 근대성의 종말이라는 명제 그리고 그 어느 것도 결코 다시 예전과 같지 않게 될 중대한 기로에 우리가 서 있다는 생각이 담겨 있다. 근대를 규정하던 이데올로기적·제도적 틀은 지나갔으며, 우리는 새로운 미지의 영토로 들어서고 있다는 것이다.

이런 생각과는 달리 이 책은 현시대의 여러 발전이 가져오는 그 모든 새로움에도 불구하고 우리는 여전히 근대성의 지평 안에 살고 있다고 믿는 사람들에게 찬동한다. 지금 벌어지고 있는 사태는 근대성의 조건을 초월하는 것이라기보다는 근대성에 본래부터 내재하는 경향들이 완전하게 전개되는 것이다. 종말론을 논하는 대부분의 문헌들은 근대적 발전 그 자체보다는 근대적 발전 가운데 특정한 국면의 종말과 관련되어 있을 뿐이다. 20세기 말에 일어난 변화들이 근대성의 폐기로 귀결되었다고 생각할 만한 합당한 이유는 거의 없다. 오히려 그런 비판들이 채용하는 바로 그 용어들은 너무도 명백하게 그 자체가 근대성의 관점과 이론에서 유래한다는 점을 누설한다.

근대성의 핵심에는 정치와 운명 사이의 근본적인 긴장이 존재하지만, 그 둘은 서로 불가분하게 얽혀 있다. 정치가 운명을 정복하거나 운명이 정치를 정복하는 것은 불가능하다. 그러나 양자 사이의 균형이 중요하며, 또 이 두 용어가 이해되는 방식도 매우 중요하다. 만약 사회사상이 (종말론을 논하는 많은 저술들이 그런 경향을 보이듯이) "운명론적"으로 되면, 그것은 인간의 행위 작용으로 세상을 변화시킬 수 있는 여지가 거의 없다는 믿음에 굴복하게 된다. 반대로 오로지 정치만 존재하고 운명은 없다고 하는 그와 대비되는 입장은 아무 제약 없이 모든 것을 상상할 수 있고 모든 것을 의욕 할 수 있는 세계를 의미할 것이다. 인간은 그가 욕구하는 것이 무엇이든 모두 성취할 수 있다는 주의주의土意主義적인 견해는 인간에게는 그가 개인적으로 선택하는 것 이외에 어떤 운명도 없다고 상정한다. 그러나 인간 조건에 대한 보다 분별 있는 평가는 행위 작용과 제약 사이에, 따라서 정치와 운명 사이에 불가피한 긴장이 있음을 인정한다.

이런 관점은 우리의 조건을 이해하는 데에 도움을 주는데, 그 한 가지 방식은 그것이 우연성에 그리고 우연성을 결정하는 요소들에 우선권을 준다는 점이다. 운명은 우리 바깥 저편에 있는 그 무엇으로 이해되지 않는다. 운명은 각 개인과 각 사회에 아주 실제적인 것이긴 하지만, 그것은 철의 법칙iron laws이나 보편적 인과 계열의 작동에 의해 일어나기보다는 수없이 많은 우연들을 통해 그리고 유전적 특질이나 개인의 전기傳記나 역사 등의 우발적 사건들을 통해 일어난다. 이렇게 이해된 운명은 제약하기도 하면서 가능하게 만들어 주기도 한다. 운명은 한계를 설정하지만 또한 기회를 제공해 주기도 한다. 이런 기회를 포착하는 것이 바로 그 온전한 의미로 이해된 정치의 활동이다.

2. 역사의 종말

정치가 끝났다는 주장들 중 가장 극단적이고 가장 운명론적인 것이 역사의 종말이라는 주장이다. 이 생각은 언뜻 터무니없어 보인다. 만일 역사가 종말에 도달했다면, 인류 역시 분명 종말에 다다라야만 하기 때문이다. 역사라는 관념은 사람과 문명과 문화에 대한 근대적 이해에 중심적인 것이다. 그것은 현재가 지닌 의미를 이해하고 미래를 준비하도록 해주는 과거의 서사들을 공급해 준다. 만일 그 어떤 역사도 더이상 존재하지 않게 된다면, 근대적 경험이 지닌 한 가지 본질적인 차원, 즉 정체성을 구성하고 정치에 관해 사유하는데에 긴요한 자원이 상실될 것이다. 역사가 부재하면 우리는 전적으로 현재 속에서 살 수밖에 없게 될 것이고, 과거와 역사적 시간은 아무런 의미도 갖지 않게 될 것이다.

　그런데 역사의 종말이라는 주장이 안고 있는 문제점은
그것이 몇 가지 서로 다른 뜻을 지니고 있으며, 다양한 방식
으로 그리고 종종 아주 모호하게 사용된다는 것이다. 그 주
장이 무엇을 말하는지를 정확하게 파악하기 위해서는 이런
다양한 의미들을 구분해 볼 필요가 있다. 그 첫 번째 의미는
가장 포괄적인데, 이미 오래 전에 헨리 포드Henry Ford가
"역사는 허풍이다"라고 이를 간명하게 표현한 바 있다. 이 첫
번째 의미는 우리 시대에 지배적인 탈근대론적 서사들을 뒷
받침해 준다. 그 두 번째 의미는 1989년에 순진한 대중에게
"역사의 종말"이라는 말을 유포시킨 프랜시스 후쿠야마
Francis Fukuyama와 각별하게 결합되어 있다. 이 두 번째 의
미는 역사의 종말을 이데올로기의 종말 또는 보다 정확하게
말하자면 현재 지배적인 이데올로기인 자유주의에 대한 대
안의 종말과 동의어로 놓는다. 그 세 번째 의미는 역사의 종
말을 헤겔G. W. F. Hegel이 이해했던 방식대로 다룬다. 역사
의 종말이란 역사가 가진 의미의 현현, 즉 우리의 현대 세계
가 지닌 본성을 말한다. 이런 여러 가지 의미들은 각각 우리
가 정치를 이해하는 방식과 어떤 종류의 정치가 가능한지에
관해 전혀 다른 귀결을 갖게 된다.

역사와 탈근대성

다양한 형태의 포스트모더니즘은 과거에 대한 극단적인 거부 그리고 현재를 이해하는 데에 과거를 활용하려는 모든 시도에 대한 극단적인 거부에 의거한다. 탈근대론자들은 거대서사들 일체를 그리고 현재에 의미와 방향을 제공하려고 시도하는 과거의 역사적 구성 일체를 일소하길 원한다. 과거가 계속 존재하기는 하지만, 그것은 개인이 어떤 목적을 추구하건 간에 그에 적합한 무수히 많은 방식으로 구성될 수도 있고 해체될 수도 있는 그런 것이다. 자신의 진정한 삶을 살기 위해서 당신은 과거와 그 기억과 그 동일성 그리고 그 제약의 짐으로부터 당신 자신을 해방시킬 필요가 있다.

그 용어가 암시하듯이 탈근대론자들이 겨냥하는 주된 표적은 근대성 자체이다. 그들은 어떤 메타 서사이건, 또 우리가 어떻게 우리의 현재적 경험을 해석해야 하고 우리의 행위를 지향해야 하는지를 사전에 윤곽짓는 어떤 이해의 틀이건 모조리 반박하려고 한다. 많은 사람들이 반어적으로 인정하듯이 이런 점이 탈근대론자들을 가장 엄격한 근대화론자가 되게 만든다. 그들이 가장 벗어나고 싶어 하는 것은 현재의 행위와 사유를 구속하는 과거의 구성물들이란 의미에서의 "역사"이다. 그런 구성물들 중에서 으뜸가는 것이 사회주의, 자유주의, 공산주의라는 근대의 거대한 계몽주의 이데올로기들이다.

이런 메타 서사들에 대해 탈근대론자들이 이의를 제기하는 점은 역사란 어떤 객관적인 의미를 갖고 있고, 역사는 그것이 자유가 되었건 계급 없는 사회가 되었건 하나의 뚜렷한 목표를 향해 나아가는 운동으로 해석될 수 있으며, 우리가 과거를 해석하는 방식이 우리에게 미래에 대한 보증을 제공해 준다는 가정이다. 과거의 상像이 지닌 객관성이 모두 부정되고 나면, 그 어느 것도 다른 것보다 내재적으로 더 유효성을 지니지 않고 그 모두가 시간과 장소에 대해 상대적일 뿐인 수많은 주관적 이야기들로 역사는 해체되고 만다.

포스트모더니즘과 탈근대성이란 말은 어떤 의미에서는 극히 오해의 소지가 있는 용어들이다. 왜냐하면 이 용어들은 포스트모더니즘과 탈근대성이 실은 모더니즘과 근대성의 시초에서부터 항상 현전해 왔음에도 불구하고 그것들이 모더니즘과 근대성 이후에 오는 것이라고 암시하기 때문이다. "죽은 세대 전체의 전통이 살아 있는 세대의 머리를 악몽처럼 짓누른다"는 마르크스K. Marx의 외침 속에 이미 탈근대론적인 태도가 담겨 있으며, 그것은 근대화론자 세대의 분위기를 자아냈다. 근대적이라 함은 모든 전수된 지식에 의문을 제기하면서 비판하는 것이고, 변화와 새로움과 혁신을 환영하는 것이다. 근대성은 자유주의나 사회주의 같은 진보적인 이데올로기들에 체현되어 있는, 그러나 또한 파시즘이나 몇 가지 형태의 민족주의에도 체현되어 있는 한 가지 특정한 종류의 의식意識을 함축하고 있다.

자유주의와 사회주의가 그 당시에는 현대적이고 급진적이었으며 전통이나 고착된 신념에 대한 적수였다. 하지만 포스트모더니즘에게 자유주의와 사회주의는 이제 뼈만 앙상히 남아서 미래의 발전에 도움이 되기보다는 오히려 방해물이 되었다. 거대 이데올로기들의 주장은 입증되거나 검증될 수 없다. 탈근대론자들은 모든 메타 서사들이 종말을 맞았다고 선언하면서, 그것이 개혁 정치가 되었건 반동 정치가 되었건 정치를 위한 아무 객관적인 토대도 존재하지 않는다고 주장한다. 어떤 입장이건 주관적이며 자의적일 뿐이긴 매한가지이다. 역사는 어떤 지침도 주지 않고 아무런 기준도 제공해 주지 않는다. 물론 일부 탈근대론자들은 그들의 주장이 극단적인 주관주의와 상대주의의 수용을 함축한다는 것을 부인한다. 우리는 우리의 신념 자체를 포기해야 할 필요성을 느끼지 않으면서도 우리가 가진 이데올로기와 신념들을 근거 짓는 기반이 있다는 점을 부인할 수 있다. 우리는 여전히 우리의 신념을 고수하기로 결심하고, 그것이 우리가 신봉하는 가치에 부합한다는 이유로 어느 특정한 유형의 정권이나 사회 질서를 계속 지지할 수도 있는 것이다.

포스트모더니즘이 지닌 가장 새로운 면모는 지금까지 우리에게 근대성과 그 발전에 대해 해석하는 방식을 제공해 주던 이데올로기들 일체와 단호하게 절연하고자 하는 급진성에 있다. 이런 급진성이 현 시기를 과거와의 급격한 단절이

라든가 새로운 발전 단계라든가 탈근대성으로 생각하는 것
에 대한 정당화로 제시된다. 그러나 포스트모더니즘을 이런
용어들로 기술하는 것조차 우리가 얼마나 옛 언어에 여전히
사로잡혀 있는지를 드러낸다. 새로운 발전 단계라는 용어는
그에 앞선 발전 단계들을 함축하고, 급격한 단절이나 분수령
이라는 용어는 현재가 과거와 어떻게 관련되어 있는지에 대
한 특정한 이해를 함축하며, 탈근대성이라는 용어는 근대성
이라고 불리던 무엇인가가 한때 존재했다는 점을 함축한다.
그런데 철저한 탈근대론적 관점에서 나온 이 가정들 모두가
실은 의심스럽다. 이 점이 바로 많은 사람들이 탈근대론적
사유를 신선하면서도 혼란스럽다고 여기는 이유이다. 탈근
대론적 사유가 신선한 이유는 그것이 모든 것을 공중에 던져
버리고 모든 것에 대해 의문을 제기하고 모든 것을 비판하면
서 새로운 시작과 참신한 생각들을 허용하기 때문이다. 하지
만 탈근대론적 사유는 허무주의를 향한 강한 경향성을 내포
하고 있기 때문에 혼란을 준다. 예전에는 근대적 의식에 이
미 내재하던 이런 허무주의적인 면이 표명되었다 하더라도
대부분의 경우 허무주의를 향한 경향성이 역사와 정체성에
관한 강력한 서사에 의해 억제되었다. 반면에 여러 형태의
포스트모더니즘은 예전의 서사들 일체를 거부할 뿐만 아니
라 어떤 새로운 서사도 일절 거부한다. 왜냐하면 만일 그 서
사가 한낱 주관적인 구성물을 넘어서는 것으로 여겨지면, 모
든 서사는 그것이 어떤 근거 기반에 의존하고 있다는 비난에

대해 취약해지기 때문이다. 이런 근거 기반의 역할을 하는 것이 굳이 실재에 대한 객관적이고 보편타당한 지식을 가지고 있다는 주장이 아닐 수도 있다. 그 근거 기반은 그보다는 대개 상호 주관적 이해와 동의에 대한 요구 주장에 의존한다. 그런데 대부분의 주도적인 탈근대론자들은 이런 것에 연루되기를 원치 않는다. 그들에게는 이런 것이 단지 의미를 뒤에서 몰래 세계 속으로 들여오고 정치에 다시 한 번 중요성을 부여하려는 또 다른 방식에 불과하다. 이런 입장에서 탈근대론적 관점이 의미하는 바는 우리가 삶을 살아가는 방식과 관련하여 정치가 사소하고 무의미하며 무관하게 되었다는 점을 받아들인다는 것이다.

그러므로 극단적인 형태의 포스트모더니즘은 역사에 대한 거부와 더불어 정치의 가능성에 대한 거부로 귀착된다. 왜냐하면 그것은 정치가 성공하는 데에 필수적인 서사들을 근거 짓는 어떠한 기반도 인정하려 들지 않기 때문이다. 물론 포스트모더니즘에 감화된 많은 이들이 현대의 정치적 사유와 실천에 큰 영향을 미치는 데에 이런 점이 방해가 되지는 않았다. 하지만 그들은 그들 자신의 독특한 서사들을 개발함으로써 그렇게 했던 것이고, 이 서사들은 역사에 대한 이해와 특정한 구성을 필연적으로 함축할 수밖에 없다. 여러 가지 형태를 띠는 대부분의 종말론과 마찬가지로 포스트모더니즘에 관한 한, 역사의 종말이라든가 이데올로기의 종말이라든가 심지어 메타 서사의 종말이라는 선언은 역사나 이데올로기나 메타 서사 그 자체의 종말을 의미하는 것이 아니라 오히려 이들 모두의 새로운 형식을 고안한 것을 의미한다.

이리하여 포스트모더니즘은 서구 민주주의 국가에서 새로운 정치 스타일과 방식을 가진 세대를 낳았다. 이들은 과거를 거부하고, 이데올로기와 당의 전통에서 해방되고자 하며, 자신을 반反이데올로기적이고 심지어는 반정치적인 모습으로 나타내려 한다. 근대화론자인 정치인은 과거로부터 물려받은 것에서 탈피하여 새롭고 구속받지 않는 것처럼 보일 수 있는 정치적 공간을 구축하려고 애쓴다. 자신을 혁신하는 것이 예전의 정체성과 책무에서 벗어나는 길이다. 그러나 과거에 관한 특정한 역사적 서사와 연관시켜 스스로를 규정했던 전통적인 좌 · 우파와 비교할 때, 그와 같은 자기 혁신은 또한 그들 자신을 뿌리가 없게 만들고 그 신념과 정책에서 오히려 변별성이 없게 만든다. 더 나아가 그것은 그들이 어떻게 그들 자신을 계속 혁신시킬 수 있을 것인가 하는 문제를 남겨 놓는다. 탈근대성의 시대에는 바로 영구 혁명과 영구 근대화가 요구되는 것이다.

정체성

포스트모더니즘이 구舊정치에 대해 제기하는 핵심적인 반론 중 하나는 주요 이데올로기들이 계급, 성, 인종, 민족, 개인 등을 중심으로 하여 구성한 비교적 고정되고 변치 않는 정체성에 관한 것이다. 탈근대론자들은 이와 반대로 정체성이 어떻게 형성되는지를 이해하는 데에 차이, 유동성, 주관성, 상대주의를 강조한다. 그렇기 때문에 정체성은 우연하고 복합적이며 끊임없이 절충되는 것이다. 자유주의, 사회주의, 민족주의와 인종, 성性 등의 메타 서사들은 사회 세계와 정치를 설명하는 데에 객관적이고 변치 않는 토대가 있다고 주장한다. 반면에 탈근대론적 접근은 이를테면 계급 같은 한 가지 정체성이 개인을 규정하거나 정치가 관여해야 할 쟁점들을 결정할 수 있다는 생각을 거부한다. 그 대신 탈근대론자들은 개인이 갖고 있는 다수의 그리고 중첩적인 정체성과 책무들 — 이는 종족, 성, 계급, 인종, 이웃 관계, 지역성, 민족, 일, 가정, 나이, 성적性的 지향성 등을 포함한다 — 을 고려하는 데에 정치가 다원주의적이어야 한다고 주장한다.

탈근대론자들이 정체성에 대한 전통적인 설명을 비판할 때 주요 표적으로 삼는 것은 전통적인 사회주의 이데올로기에서 한 가지 특정한 정체성, 즉 계급에 기초한 정체성에 부여되었던 중요성이다. 정당은 더 이상 노동 운동 같은 한 가지 특정한 사회적 정체성이 안전하고 안정적인 근거 기반을 제공해 주리라고 믿으면서 그것에 자신의 기초를 두려 해서는 안 된다는 것이다. 정치 세계를 규정하고 충성과 신념의 토대를 규정하는 그 어떤 일차적 정체성도 더 이상 존재하지 않는다. 그 대신에 정당은 다른 정당과의 연립을 조합해야 하며, 유권자들이 갖고 있는 복합적이고 변화하는 정체성들에 민감한 프로그램과 조작 방식을 개발해야 한다. 계급이나 민족에 호소하면서 일차원적으로 국한된 당은 단지 소수만을 동원할 수 있을 것이다. 정체성 정치identity politics를 전통적인 방식의 대중 정당과 선거 정치보다는 오히려 사회 운동과 결합시키고, 그리하여 전통적인 형식의 정치와 점점 더 거리를 두는 것과 결합시켜 연상하게 된 한 가지 이유는 많은 정당들이 이런 정체성 정치의 새로운 세계에 적응하는 데에 무능력하고 이를 못마땅하게 여긴다는 점에 있다. 이에 대해 신新정치는 당이 채택할 프로그램과 이미지와 스타일을 조형하기 위해 변동하는 유권자들의 기분과 관심을 추적하는 데에 이용할 초점 그룹focus groups의 조직 같은 새로운 기술의 개발로 대응한다. 초점 그룹은 탈근대성의 전형적인 표현으로 간주될 수 있다. 초점 그룹은 당에 정체성을 제공했던 충절과 신념의 역사적 양식들과 아무 관련이 없으며, 오로지 현재 당의 이미지가 어떻게 인식되고 있고, 초점 그룹에서 드러난 바대로 일반 유권자들의 반응에 더 근접하게 조정되기 위해서는 당의 이미지를 어떻게 바꾸어야 하는가라는 문제에만 관련되기 때문이다.

　　정치에 대한 대부분의 탈근대론적 설명은 차이와 인정認定의 정치를 강조하고 근본주의를 공격한다. 왜냐하면 포스트모더니즘은 근거 기반을 거부하므로, 예컨대 민족주의처럼 어떤 근거 기반에 기초한 정치를 일체 거부해야 하기 때문이다. 하지만 이것은 너무 가벼운 해석이다. 탈근대론적 사유에 담겨 있는 허무주의라는 재발 요소는 다음과 같은 것을 의미한다. 즉, 모든 정치적 입장은 동등하게 타당한 것이라고도 또 동등하게 거짓된 것이라고도 간주될 수 있으며, 따라서 나치즘을 긍정하는 것도 자유주의를 긍정하는 것만큼이나 정당한 태도가 된다. 이런 태도는 결국 주관적인 선택이며, 여기에는 역사와 전통으로부터 끊어져 표류하는 상태에서 닻도 없고 이정표도 없다는 것이다. 이는 탈근대성의 정치적 기획에다 부서지기 쉽고 주관적인 특성을 부여한다. 어느 한 방향을 선택하는 것은 자의적이다. 탈근대론적 관점으로부터 그 어떤 확고한 것도 나오지 않는 이유는 그것이 정치적 헌신과 신념에서 이렇듯 표류하는 특성을 가지고 있기 때문이다. 자유 민주주의와 법치를 지지하는 것은 포스트모더니즘과 전적으로 양립할 수 있다. 그러나 그에 못지않게 포스트모더니즘은 인간을 과거와의 끈으로부터 그리고 정체성과 소속의 역사적 형식들로부터 떼어 놓기 때문에 훨씬 더 파괴적이고 허무주의적인 정치 형태로 나아가는 길을 열어 놓는다.

역사주의

역사의 종말이라는 주장의 또 다른 변형은 그 본래의 헤겔적
인 의미를 되살리려 한다. 그것은 근대성을 넘어서려고 시도
하지는 않지만 근대성에 대한 한 가지 특정한 해석을 널리
유포시키려고 한다. 후쿠야마가 "역사의 종말"이라는 헤겔
의 문구를 자신의 논문 제목으로 채택한 이유는 쇠퇴하는 공
산주의의 힘과 도래하는 자유주의의 승리에 주의를 환기시
키고자 했기 때문이다. 그 시기는 더할 나위 없이 유리했다.
후쿠야마가 그의 논문을 발표하자마자 베를린 장벽이 열리
고 유럽에서 공산주의가 붕괴되는 마지막 단계가 시작되었
던 것이다.

　　후쿠야마는 자신의 논문으로 그리 좋지 않은 명성과 상
당한 불신을 얻게 되었다. 그에 대한 비판들 중 일부는 그가
미래에는 사회와 국가의 삶에서 중대한 사건이 더 이상 없을
것이며, 역사의 이름을 존엄하게 만들어 주는 그 무엇도 더
이상 없을 것이라는 주장을 하고 있다고 가정했다. 하지만
후쿠야마가 실제로 한 일은 자유주의적 역사주의라는 한 가
지 논변 양식을 재생한 것에 불과하다. 자유주의적 역사주의
란 역사가 객관적인 의미와 궁극적인 목적을 가지고 있으며,
이 목적을 향해 역사를 추진하는 과정들이 있다는 믿음을 말
한다. 이런 종류의 자유주의적 역사주의는 일찍이 1950년대

에 칼 포퍼Karl Popper에 의해 강력한 비판을 받은 후 오랫동안 인기를 잃고 있었다. 후쿠야마를 가장 혹독하게 비판하는 사람들 중 상당수는 실제로 자유주의자들이었는데, 이들은 후쿠야마의 논변이 진부하고 허약하며 사람들을 오도하고 있다고 비난한다. 예전부터 역사주의는 일정한 종류의 자유주의적 서사를 구성하는 중요한 부분이었다. 그리고는 마르크스가 헤겔이 사용했던 범주들을 궁극적으로는 공산주의로 귀결될 계급 간의 변증법적 투쟁 과정을 서술하는 데에 적용함으로써 역사주의는 마르크스주의와 결합하게 되었다. 한참 지난 후에 알렉상드르 코제브Alexandre Kojève는 다시 마르크스를 거꾸로 뒤집어 계급 간의 변증법적 투쟁을 경합하는 이데올로기들 사이의 투쟁으로, 그것도 공산주의의 승리로 귀결되는 대신 자유주의의 승리로 귀결되는 투쟁으로 해석했다. 그는 근대성의 조건과 관련된 한에서 프랑스 혁명의 이념들이 더 이상 개선될 수 없다는 헤겔의 통찰을 옹호했다.

이러한 20세기의 자유주의적 역사주의 담론은 헤겔의 본래 논변을 놓치는 경향이 있다. 역사가 종말을 맞이했다고 주장한 첫 번째 사람이 헤겔인 것은 틀림없지만, 이 점에 관해서 헤겔은 매우 엄밀했다. 그 사건은 1806년 예나Jena 전투에서 일어났다. 헤겔은 프로이센에 대한 나폴레옹 군대의 승리를 유럽의 구舊정체anciens régimes에 대해 프랑스 혁명의 이상理想이 승리한 것으로 해석했다. 헤겔에게 이 승리는 근대를 개시하는 것이었으며, 근대 세계의 제도적 질서를 구성하는 이념들의 우위를 확립하는 것이었다. 이 이념들이란 개인주의, 사적 영역의 중요성, 자유와 평등, 그리고 국가 차원에서는 모든 시민이 지닌 동등한 가치의 인정, 보편적 승인의 정치 등을 말한다.

헤겔이 이를 역사의 종말로 해석할 수 있었던 이유는 그가 "종말"이라는 용어를 그 이중적 의미에서 목적이자 또한 결말로 이해했기 때문이다. 역사는 종말에 당도했을 때 그 의미를 드러낸다. 과거에 발생한 사건들은 그것이 의미를 지니고 있음을, 그것도 단순히 개인을 위한 의미가 아니라 이성적인 반성을 통해 밝혀질 수 있는 객관적 의미를 지니고 있음을 보일 수 있을 경우에만 역사라는 이름을 얻을 만한 자격이 있는 것이다. 역사가 그와 같은 의미를 지닐 수 있는 까닭은 그것이 오로지 사회 질서에 관해 대립되는 원리들과 구상들 — 고대 세계의 시민 의식 그리고 중세의 개별 영혼 및 주관적 내면성에 대한 신정주의新政主義적 강조 — 사이의 충돌을 통해 발전하는 정신의 산물로서만 이해될 수 있기 때문이다. 이 대립하는 원리들 각각의 일면적인 최대한의 발전은 그 양자가 인간 사회의 더 높은 단계, 즉 근대의 민주적이고 평등주의적인 질서 안에서 결국에는 화해할 수 있도록 만들어 준다. 이 더 높은 단계는 근대 사회에서 인간의 개체성과 인간의 공동성이 둘 다 인정받는 것에서 발견된다. 개인은 자신의 개성을 동시에 전면적으로 표현할 수 있는 세 가지 변별적인 영역들 — 가족과 시민 사회와 국가 — 의 구성원인 것이다.

　인류는 지구상에서 지금의 모습으로 최소한 15만 년 동안 존재해 왔다. 그러나 역사나 역사적 시간이라는 개념은 기록된 사건과 단순한 이야기의 구성이라는 제한된 의미에서 보더라도 그보다 훨씬 근래의 일이다. 기록된 역사는 최근 3천 년에 한정되고, 게다가 몇몇 특정한 문화 내에서만 나타났다. 헤겔이 발전시킨 역사 개념은 이런 역사적 시간이라는 의미를 취한다. 과거에 일어난 사건들의 유형 속에서 최종 목표를 향해 나아가는 운동을 발견하는 이 역사 개념은 유럽 사회가 가진 일상적인 의식의 일부가 되었다. 그런데 헤겔에게 이 운동은 사회적 힘들 속에 구현되어 있는 그 무엇이 아니라, 과거를 반성하면서 그 저변에 놓여 있는 유형을 이해하려고 노력하는 인간의 정신 안에서 벌어지는 과정이다. 과거에 의미와 목적을 부여하는 이 정신의 활동이 과거를 헤겔적 의미에서의 역사로 만드는 것이다. 과거가 단순히 연관성이 없고 무질서한 사건들의 기록에 불과하다면, 그것은 역사가 될 수 없다. 역사가 되기 위해서는 모든 사건들, 심지어 가장 불가해한 사건조차도 그것이 최종 단계를 향해 나아가는 진보에 어떻게 기여하는지를 보여 주는 틀 속에서 해석되어야만 한다. 역사는 최종 단계에 도달했을 때 그 의미를 드러내기 때문에 필연적으로 종말을 맞이하게 된다. 역사가 의미를 지니고 있고 그 의미란 인간 사회가 자유와 평

등과 연대성을 향해 진보하는 것이라는 이런 생각은 유럽 계
몽주의와 결합되어 있는 핵심 관념이며, 또 그러한 것으로서
근대성에 관한 중심 서사들 중 하나가 되었다.

코제브에 뒤이어 후쿠야마가 종말에 도달했다고 선언한
역사는 바로 이런 특수한 의미에서의 역사이다. 일반 관찰자
에게는 예나 전투 이후에도 또는 1930년대에 코제브가 자신
의 생각을 처음 표명한 이후에도 풍부한 역사가 존재하는 것
처럼 보일 수 있다. 그러나 이는 역사라는 용어를 한 집단이
나 한 민족의 삶에서 중요성이 부여된 사건들에 귀속시키는
보다 통상적이고 일상적인 용법으로 사용하는 것이다. 역사
의 종말에 대한 헤겔적 이해는 이런 식의 고려에 영향을 받
지 않는다. 헤겔이 말하는 역사는 대립하는 원리들 사이의
갈등을 해소함으로써 이루어지는 인간의 의식과 역량의 발
전이기 때문이다. 이제 프랑스 혁명에 의해 재현되는 거대한
종합 속에서 모든 근본 원리들이 화해했다면, 더 나아간 발
전 단계를 위한 토대는 남아 있지 않을 것이고, 따라서 헤겔
적 의미의 역사가 존재하기 위한 토대도 더 이상 없을 것이
다.

그렇지만 역사의 종말이 곧 갈등의 종식을 요구하는 것
은 아니다. 헤겔에게 역사가 종말에 도달한 까닭은 그가 미
래에 대해 추측하지 않으려고 했기 때문이다. 철학은 오직
이미 과거에 존재했던 것만을 해석할 수 있다. 더 진전된 단
계는 변증법적 과정을 지속시키는 새로운 적대적 원리들의

등장을 통해서 가능하다고 헤겔의 영향을 받은 많은 역사학자들이 주장한다. 그러나 이 갈등이 더 높은 발전 단계를 성취하고 새로운 원리들을 출현시키리라는 전망을 약속하면서 "역사"를 지속시킬 수 있을 것인지, 아니면 역사의 종말 당시 이미 확정된 원리들은 더 이상 개선될 수 없기에 이 원리들을 실현하는 데에 얼마나 많은 투쟁과 시간이 필요하건 간에 그 원리들 자체는 넘어설 수 없는 것인지에 대해서는 의견이 일치하지 않는다. 이 원리들이 근대 세계의 운명이 상연되는 무대를 구성한다. 이런 입장에서 특히 사회주의와 자본주의 사이의 거대한 투쟁을 포함한 지난 200년 동안의 이데올로기 투쟁은 근대 세계의 원리들을 새로운 원리로 대체하기 위한 투쟁으로 해석되기보다는 그 원리들을 어떻게 하면 가장 잘 실행할 수 있을 것인가에 관한 투쟁으로 해석될 수 있다. 자유주의적 역사학자들은 근대 세계를 질서 짓는 원리들이 이미 알맞게 정착되어 있다고 본다. 이는 이전의 역사 발전 단계로 되돌아가거나 아니면 일련의 대안적 원리들을 수립하려고 노력함으로써 이 원리들을 개선하려는 시도가 재앙과 파멸로 끝날 것임을 의미한다. 이것이 지난 두 세기가 지닌 의미라는 것이다. 역사는 두 번 종말을 고했다. 한 번은 1806년이고, 다른 한 번은 지난 한 세기 동안 근대 세계의 원리들에 대한 대안을 제시하려는 가장 중요한 시도가 와해된 1989년이다.

물론 헤겔과 근대성에 대한 이와 같은 자유주의적 역사

주의의 독해가 논란 없이 받아들여진 것은 아니다. 보수주의
자들은 프랑스 혁명의 자유주의적이고 세속적인 원리들을
거부하고 그들 자신의 질서와 권위와 전통에 관한 서사들을
제안했다. 반면에 사회주의자들은 프랑스 혁명이 형식적인
정치적 권리를 제공해 줄지는 모르지만 불평등한 소유권에
부여된 제도적 보호로 인해 사회적 권리를 제공하는 데에는
완전히 실패했다고 주장한다. 마르크스주의자들이 역사의
종말은(또는 마르크스가 즐겨 말하듯이 전사前史의 종말은) 오
직 계급에 기초한 사회를 철폐한 이후에야 비로소 도달될 것
이라는 점을 논증하기 위해 헤겔의 변증법적 방법을 전유함
으로써 헤겔의 본래 통찰은 오랫동안 말소되었다. 자유주의
가 아니라 공산주의야말로 계급투쟁을 그 동력으로 삼아 해
방된 사회 질서를 위한 원리들을 제공한다는 것이다. 역사의
운행 법칙과 사회주의의 불가피성을 해명했다는 마르크스-
레닌주의의 주장에 직면하여 많은 자유주의자들은 역사의
객관적 의미를 밝히고자 꾀하는 그 어떤 역사 철학의 주장도
거부하는 반反역사주의자가 되었다.

이데올로기의 종말

그런데 이제 자유주의적 역사주의는 의기양양하게 복귀했

다. 20세기에 공산주의가 나름의 방식으로 시도되었으나 엄청난 실패로 판명되었다. 점점 더 불신을 받으면서 고갈되어 가는 자본주의에 대한 진보적 대안으로서 처음에는 환영받았던 최초의 노동자 국가가 결국은 퇴행적이고 억압적인 감옥으로 변해 이 세계에서 가장 보수적이고 활기 없는 정권으로 되었다. 사회주의가 근대 사회의 또 다른 조직 원리임을 자임하며 제기한 도전은 점차 소멸해 버리고, 자기 확신으로 가득 차서 되살아난 서구의 자본주의적 민주 국가들을 이론의 여지가 없는 승자로 남겨 놓았을 뿐이다. 바로 이 사태를 기리기 위해 "역사의 종말"이라는 용어가 부활된 것이다. 그러나 이는 헤겔이 이해했던 바대로의 역사의 종말은 아니고 후쿠야마에 훨씬 앞서 선언된 이데올로기의 종말 또는 보다 정확히 말하자면 사회주의의 사망일 뿐이다.

다니엘 벨Daniel Bell을 비롯한 여러 사람이 1950년대에 처음 이데올로기의 종말과 사회주의의 사망이라는 주장을 내세운 이후 이 주장은 일종의 자유주의적 상식으로 확립되었다. 북아메리카와 서유럽의 여러 나라에서 벌어졌던 사회주의의 진격이라는 높은 파도는 이제 지나갔다고 선언되었다. 그리고 공산주의에 대한 두려움이 비록 여전히 강하기는 했지만, 그것은 더 이상 국제 사회주의 혁명에 대한 두려움이 아니라 이를 대체하여 하나의 외부적 힘인 소비에트 연방에 대한 두려움으로 바뀌었다. 소비에트 연방과 나머지 공산주의 진영은 안보에 위협이 되기는 하지만 완화된 이데올로기적 위협만을 주는 하나의 분리된 세계, 하나의 폐쇄된 제국이 되었다. 그것은 비록 결함투성이이고 점점 더 열등해져 가는 것이기는 했지만 서구 자본주의에 대한 실제적인 대안을 지속적으로 제공해 주었으며, 두 진영 사이의 팽팽한 안보 균형으로 유도하는 군사 및 산업 기구를 지원했다. 서구에서 사회주의의 사망과 좌·우파 사이에 공모된 일국적一國的 합의라는 결과를 낳게 된 한 가지 이유는 공산주의에 대한 환멸에 있다고 간주되었다. 우파가 복지 국가를 수용하고 또 국가가 포함하는 범위와 규모의 팽창을 받아들인 반면에, 좌파는 자본주의적 소유권을 경제의 토대로 용인하고 국가 권력에 가하는 제한의 중요성을 인정했다. 모든 주류 정당들의 프로그램은 이런 새로운 현실을 인정하는 쪽으로 변경되었다. 이 새로운 혼합 경영 경제 속에서는 이데올로기의 역할, 즉 사회적·경제적 삶을 다스리는 데에 대안적인 사회적·경제적 제도 장치를 상상하고 기존의 제도에 대치시키는 것이 할 수 있는 역할이 더 이상 남아 있지 않다.

　소비에트 연방의 최종적인 붕괴가 놀라운 일은 아니었다. 1950년대에 잠시 동안 소비에트 연방은 주로 우주 계획 같은 국위 사업과 높은 성장률을 유지할 수 있는 지시 경제 command economy의 능력을 통해 하나의 경제 체제로서 서구 자본주의에 대한 중요한 경쟁자로 등장했다. 그러나 이미 1970년대에 이 경제 체제가 안고 있는 심각한 문제점들과 서구와 본격적으로 경쟁하기에는 무능력하다는 점이 명백하게 드러났다. 그렇지만 1985년부터 1991년에 이르는 6년이라는 짧은 기간 동안에 이 체제가 해체되는 속도는 주목할 만하다. 대부분의 관찰자들은 이 체제가 몇 십 년은 더 존속할 것이라고 예상했고, 극소수만이 그것의 소멸이 임박했다고 예언했었다. 이제 와서 보면 고르바초프M. Gorbachev에 의해 시작된 개혁이라든지 미국과 군사 경쟁의 격화라든지 1980년대 말 동유럽 위성 국가들에서의 대변동 등 여러 가지 요인들이 그와 같은 급격한 소멸에 가세했음을 알 수 있다. 정권들이 차례차례 무너지면서 소비에트 연방 자체의 붕괴에까지 이르는 사건들의 드라마는 너무도 급격해서 사회주의의 사망이라는 관념을 소생시키게 된 것이다.

공산주의 체제라는 형태의 사회주의는 서구 민주 국가들에서 자본주의에 대한 생명력 있는 대안으로서는 일찌감치 사망했으며, 실은 오래 전부터 그러했었다. 하지만 그에 못지않게 사회주의와 공산주의의 운명이 20세기가 경과하는 동안 손댈 수 없을 정도로 뒤엉켜 버린 것도 사실이다. 소비에트 연방에서 공산주의의 몰락은 어느 한 특정한 국가와 그 제국의 붕괴 이상을 의미했다. 그것은 비록 자본주의에 대한 실행 가능한 대안을 제공하겠다는 그 목적에서는 실패했지만 20세기에 국제적 국가 체제의 형태를 빚어낸 가장 중요한 요소들 중 하나였던 사회적 · 정치적 실험이 종말을 맞았다는 것을 표시한다. 국제 정치의 고정적이고 영구적인 모습처럼 보이던 것이 거의 하룻밤 사이에 일소되었다. 이런 극적인 사건들만큼 종말론을 그럴듯하게 만들어 주는 것은 없다. 유럽에서 공산주의 정권이 소멸되고 동·서의 이데올로기 분열이 사라진 것이 국제 정치의 중요한 한 국면의 종말을 표시한다는 점은 그 누구도 반박할 수 없다. 역사의 큰 분수령이 생겨났던 것이다.

그런데 이것이 어떤 의미에서 역사의 종말을 나타내는가? 분명 소련이라는 한 특정한 국가가 종말을 맞았고, 그와 더불어 한 특정한 정권과 그 국시國是인 마르크스-레닌주의가 종말을 맞았다. 하지만 오직 역사의 종말에 대한 마르크스주의적 견해를 수용할 경우에만 그리고 소련을 진정한 사회주의 국가로 간주할 경우에만 소련의 붕괴를 설득력 있게 역사의 종말이라고 제시할 수 있을 것이다. 진정한 헤겔주의적 관점에서 보면, 20세기에 벌어진 자본주의와 사회주의 사이의 거대한 투쟁은 애초부터 역사의 일부가 아니라 단지 근대의 지도 원리로 이미 확립되었던 원리들이 수행되는 것일 따름이다. 역사의 종말은 이미 오래 전에 일어난 일이며, 근대의 이데올로기적 진통은 그것이 얼마나 심각하건 간에 결코 그 근저에 놓여 있는 근본 원리까지 의문시하지는 않는다. 그러므로 후쿠야마가 역사의 종말이라는 주장으로 뜻하는 바는 실은 사회주의의 종말, 근대에 벌어진 이데올로기 경쟁의 어느 특정한 국면의 종말일 뿐이지 결코 역사의 종말은 아니다. 이 점은 자유주의적 자본주의의 승리를 선언하는 그의 독창적인 논문에서 아주 명백하게 나타난다.

근대성과 역사

"역사의 종말"이라는 문구가 인기를 끌게 된 후 그것은 많은 저널리스트들에 의해 현재의 정치적·이데올로기적 풍경을 묘사하는 여러 단순 명제들의 약기略記로 사용되면서 그 자신의 고유한 생명을 얻게 되었다. 공산주의의 종말은 그에 앞서 사회주의자와 보수주의자가 혼합 경제와 복지 국가에 관하여 상호 수렴했던 것에 뒤따르는 결과이다. 그것은 예나 전투 이후 200년에 걸친 긴 우회로가 끝에 이르렀다는 것을 의미한다. 자유주의에 대한 대안이 시도되긴 했지만 실패했다. 역사의 종말과 이데올로기의 종말은 경제적·정치적 자유주의가 승리했고, 자본주의에 대한 실행 가능한 대안은 더 이상 존재하지 않으며, 인류의 이데올로기적 진화가 그 종착점에 도달하여 이제는 민주적 통치와 자유 시장 자본주의가 보편화되었음을 의미한다. 이런 것들이 이제 모든 가능성의 지평을 이룬다. 자유주의적 민주 국가의 기본 원리들을 개선하려거나 자본주의적 세계 경제에서 탈출하려는 어떠한 가망성도 이제 더 이상 남아 있지 않기 때문에, 오래된 좌·우파의 구별은 쓸모없게 되었다. 모든 자급자족의 형태가 해체되었으며, 설혹 자본주의의 또 다른 모델들이 가능하다 할지라도 세계 시장의 제도적 형식과 압력 외부에서는 그 어떤 경제도 더 이상 생존할 수 없다.

이런 역사의 종말에서 정치의 종말로 건너가기란 손쉬운 일이다. 앞으로 정치는 (과거에도 종종 그랬지만) 한정된 매개 변수 내에서 수행될 수밖에 없을 것이며, 뿐만 아니라 급격하게 변화하는 매개 변수가 등장할 가망성도 없고, 그에 도전한다 해도 아무 의미가 없을 것이다. 이런 시각에서 보면, 1970년대와 1980년대 초에 여러 서구 국가에서 벌어졌던 격심한 이데올로기 갈등은 하나의 이탈, 구정치의 마지막 발작에 불과했다. 1980년대 말 이후 좌·우를 망라한 그토록 많은 정당들이 거의 대부분의 주요한 정책 안건에 관해서 매우 흡사한 입장으로 수렴한 것은 이제 다가오고 있는 상황의 모습으로 간주되었다. 정치는 따분하고 사소한 일로 굳어졌고 시민들에게 실제적인 관심사가 아니게 되었으며, 투표에 참여하거나 정당에 가입하거나 또는 하다못해 정치적 정보를 계속 얻으려는 사람의 수가 갈수록 감소한다는 사실을 통해 시민들은 정치에 대한 경멸을 보여 준다.

그러나 이 모든 논변들이 지닌 근본적인 결함은 역사의 종말과 이데올로기의 종말을 서로 뭉뚱그려 버리는 데에 있다. 자본주의와 사회주의라는 역사적으로 특수한 이데올로기들 사이의 경쟁은 분명 20세기의 주된 특징들 중 하나였다. 그러나 그 시대가 "자본주의"의 승리로 끝났다는 사실이 곧 사회주의의 사망을 의미하는 것은 아니다. 그것은 다만 사회주의의 역사적으로 특수한 한 가지 형태, 즉 국가 사회주의의 사망을 의미할 따름이다. 이와 마찬가지로 20세기에 자유방임적 자본주의laissez-faire capitalism가 사라진 것이 곧 자유주의의 사망을 알리는 신호는 아니다. 사회주의와 자유주의는 스스로를 혁신하고 개혁하는 능력을 지닌 지극히 복합적인 이데올로기적 전통들이다. 이렇게 자기 혁신을 통해 전통을 이어가는 과정이 이제는 소진되었다는 실제적인 조짐은 어디에도 없다.

사회주의와 자유주의가 보통은 서로 경쟁하는 이데올로기들이긴 하지만 그 때문에 그 둘 사이를 연결하는 강한 고리가 있음을 간과해서는 안 된다. 사회주의는 자유주의의 원리들을 대체하기보다는 오히려 완수하려 한다는 의미에서 종종 자유주의의 산물 내지 발전으로 간주되었다. 20세기에 자본주의와 사회주의 간에 일어난 이데올로기 경쟁의 핵심을 이루었던 시장이냐 계획이냐 사이의 길고 긴 논쟁은 목적보다는 수단과 관련된 것이었다. 하지만 상당수의 자유주의자들이 계획을 옹호했으며, 그와 마찬가지로 오늘날에는 상당수의 사회주의자들이 시장을 옹호한다. 자유주의자와 사회주의자 모두에게 공통된 것은 평등과 자유라는 기본 가치 그리고 보편주의에 대한 헌신이다. 사회주의와 자유주의의 여러 형태들이 한동안 불신을 받았지만 곧 다시 개혁되거나 변화된 환경에 적합하게 만들어졌다. 새로운 형태들이 계속 출현하고 있으며, 또 앞으로도 계속 출현할 것이다. 그 저변에 놓여 있는 계몽주의의 열망은 사라지지 않았다.

"역사"라는 용어의 헤겔식 구성이 어쩌면 특이하고 제한적인 것일 수도 있다. 또한 오늘날 헤겔의 독특한 역사철학을 여전히 신봉하는 사람은 드물다. 그러나 그것은 근대성의 본성에, 다시 말해 역사의 종말의 산물들인 근대 세계의 구조와 제도와 원리들에 주의를 집중하도록 만들었다. 후쿠야마는 왜 역사의 종말이 1989년으로 그 위치가 바뀌어야 하는지에 대해서 아무런 이유도 제시하지 않는다. 그렇게 전위시키려면 그는 지난 200년 동안 전개되어 오다가 20세기 말에 이제 새로운 질서 안으로 흡수된 어떤 새로운 주요 원리가 존재했다는 사실을 보여 주어야만 할 것이다. 하지만 그는 그런 것을 논증해 낼 수 없다. 그가 지적할 수 있는 것이란 기껏해야 자유주의와 사회주의 사이의 이데올로기 경쟁인데, 그는 이 경쟁이 한쪽의 완벽한 승리와 다른 쪽의 붕괴로 끝났다고 주장하고자 한다. 후쿠야마는 이를 서로 반대되는 원리들 사이의 처음 대립이 그 두 가지 원리의 긍정적인 요소들을 보존하는 고차원의 종합을 달성함으로써 해소되는 그런 변증법적 과정으로 보여 주지 않는다.

후쿠야마 그리고 그에 앞서 다니엘 벨은 일반적으로는 서구 문명 전반 그리고 특수하게는 근대성이 지닌 근본 원리들과 가치들을 실현하는 가장 좋은 길에 관한 이데올로기 갈등의 순환 주기 중 한 가지 특정한 국면을 기술하고 논평했다. 그러나 이것이 헤겔적 의미에서의 역사를 구성하지는 못한다. 역사의 종말이라는 용어가 이데올로기의 종말을 해독하는 부호로 사용되고, 이데올로기의 종말이라는 용어가 다시 사회주의의 종말을 해독하는 부호로 사용되었던 것이다. 그들이 특정한 어느 한 형태의 이데올로기가 지닌 호소력이 줄어들고 그 의의가 감소하고 있다는 점을 분석하려 했다면, 그것은 나름대로 한 가지 논제가 된다. 그러나 그것을 이데올로기의 종말과 혼동해서는 안 되며, 역사의 종말과 혼동하는 것은 더더욱 안 될 일이다.

이데올로기 논쟁은 근대성을 이루는 한 가지 중추적인 면이다. 따라서 만일 이데올로기 논쟁이 실제로 쇠퇴하고 있다면, 이는 근대성 자체에 대해 의문을 제기하는 것이다. 이데올로기는 종종 몇 차례의 순환 주기를 통과해 왔다. 현재 유럽 전역에 걸쳐 일어나고 있는 사회주의 이데올로기와 사회주의 정당의 전환을 해석하는 한 가지 방식은 그것을 순환 주기의 새로운 국면의 일부로 보는 것이다. 이는 소비에트 연방의 붕괴로 대표되는 근대사의 거대한 분수령과 그것이 정치와 이데올로기 논쟁에서 지니는 중요성을 부인하는 것이 아니다. 논쟁의 전선戰線이 정말로 이동하기는 했지만 모든 정당과 모든 이데올로기들에 대하여 이동한 것이며, 신념의 위기는 사회주의자들에게만 국한되는 것이 아닌 일반적인 사태이다. 보수주의자들은 한편으로는 세계 시장과 자유화에 대한 열광 그리고 다른 한편으로는 민족 국가와 민족적 문화 전통에 대한 집착 사이에 끼여 방황하며 그들 자신의 이데올로기적 구렁텅이에 매몰되었다. 지금 이데올로기 논쟁에서는 중요한 변화가 일어나고 있다. 경제에서 국가의 역

할에 대한 태도를 평가하는 척도인 좌파와 우파 내지 사회주
의와 자유주의라는 이데올로기적 축軸에서 자유주의적 이념
들이 주도권을 쥐고 있는 것은 분명하지만, 이 축은 민족주
의나 인종이나 정체성을 둘러싸고 조직된 축과 비교할 때 그
중요성이 감소하고 있다. 그러나 그 어디에도 이데올로기의
종말은 눈에 띄지 않는다.

3. 민족 국가의 종말

현시대에 정치와 관련된 운명론의 중요한 사례 가운데 하나가 세계화globalization를 논하는 저술들에서 발견된다. 그 이야기는 대략 다음과 같다. 민족 국가의 시대는 지나갔다. 민족 국가는 시대착오적인 것이 되었으며, 스스로 더 이상 통제하지 못하는 길항력이 되어 버렸다. 국가는 쇠퇴하고 있다. 국가에서 권력이 빠져나가고 있으며, 국가는 사태를 조형하는 역량을 급속하게 잃어버리고 있다. 이와 같은 주장들은 1970년대 초부터 힘을 얻기 시작한 세계화에 관한 담론에서 흔히 제기된다. 세계화의 옹호자들은 특히 유럽에서 공산주의가 붕괴하고 세계 경제가 재통합된 이후에 한층 더 단호하게 자신의 주장을 내세운다. 그 어느 것도 세계 시장, 세계 전역 통신, 세계 문화의 힘을 거역하지 못한다. 민족 문화, 민족 경제, 민족 국가를 둘러싼 벽은 새로운 세계 질서의 공격 망치 앞에서 무너져 내리고 있다. 정치, 민주주의, 정당성, 주권, 계획 같은 낡은 개념들은 맹공을 받고 비틀거린다. 세계화되는 것, 이것이 이제 우리의 운명인 듯이 보인다.

21세기의 출발점에 서 있는 세계가 일견 그 어느 때보다도 민족 국가에 기초를 두고 있는 것처럼 보이는 데도 불구하고 위와 같은 세계화의 주문呪文은 점점 더 강한 확신을 가지고 설파된다. 옛 소련의 분열로 정점에 도달한, 지난 50년간 대륙과 식민지에서 벌어진 제국들의 붕괴는 여러 신생 민족 국가들의 건립과 더 많은 민족 국가들의 재건으로 이끌었다. 그 어느 민족도 자신의 독립 국가를 가지려는 대망을 품지 못할 만큼 왜소하지는 않다. 국제 체제는 민족 국가의 중요성에 대한 인정에 기초를 두고 있으며, 국제연합UN을 함께 구성하는 민족 국가들의 내정에 대한 불간섭주의는 근본 원칙으로 간주되고 있다. 심지어 1999년 코소보Kosovo 사태 같은 경우에도 불간섭주의를 깨는 데에 국제연합의 지원을 얻기가 그토록 어려웠던 이유가 여기에 있다. 그들 자신의 국기, 운동경기 팀, 국가國歌, 국적기國籍機, 민족 문화, 민족 자본주의 등을 가지고 있는 여러 민족들과 그 국가들로 이루어진 이 익숙한 세계가 세계화의 힘에 의해 공동화空洞化되고 있다고 사람들은 말한다.

세계 시장

국가 간의 관계야말로 국제 정치에서 중요하다는 생각을 세계화 담론은 믿지 않으려 한다. 이 단순한 생각은 흔히 1648년 30년 전쟁을 종식시키면서 국제적 국가 체제 안에서 정당성 있는 국가로 인정받는 모든 국가는 자신의 영토 내에서 최고의 권위를 갖는다는 교설을 선포한 베스트팔렌 조약으로 거슬러 올라간다. 한편으로는 국지적이고 특수하고 개인적인 권위의 근원 일체를 규정된 공적 공간 내에서 단 하나의 공적 권력 안으로 병합시키는 것, 그리고 다른 한편으로는 ― 교회나 신성로마제국 같은 ― 종교적 권위와 정치적 권위가 내세우는 보편적 형식에 대한 권리 주장을 거부하는 것이 국가에 관한 근대적 이념을 표현했다. 베스트팔렌 조약이 통상 거론되는 것처럼 이런 진화 과정에서 정말 중대한 역할을 했는가 하는 문제보다는 이러한 변화가 일어났다는 사실이 더 중요하다. 17세기 중반 유럽에서 국제적 국가 체제가 출현하여 세계 전역으로 퍼져나간 것이다.

　이런 국가 체제의 성원으로 인정받았던 국가들 중 상당수는 민족 국가가 아니라 대영제국이나 오스트리아–헝가리 제국처럼 여러 다양한 민족과 문화를 통합한 다민족 국가였다. 또한 그 상당수는 광대한 식민 제국을 획득하기도 했다. 오직 민족 국가만이 진정한 정당성을 지니고 있다는 민족주의적 교설이 공표된 것은 그보다 훨씬 이후이다. 그런데 이 교설은 아직 국가를 형성하지 못한 민족은 국가를 이루어 국제적 국가 체제 안에 자리를 잡으려고 노력해야 한다는 점을 함축하고 있다. 20세기에 이르러서는 국가와 민족의 경계가 겹치게 되는 경향이 현저해진다. 그렇지만 국제적 국가 체제의 근본 주역은 민족이라는 이념이 아니라 국가라는 이념이다. 자신이 통제하는 영토와 국민에 대해 절대적 주권을 주장하면서 어떤 상위의 관할권도 인정하지 않는 국가들로 세계는 분할되어 있다.

이와 같은 국제적 국가 체제에서 경제는 서로 별개의 민족 경제들로 이루어진 국제 경제로 이해되는데, 이때 각각의 민족 경제는 특정한 민족 영토와 그 국민과 자원에 대해 권위를 주장하는 국가에 의해 어느 정도 통제된다. 이 국제 경제 내에서 재화와 인구와 자본의 모든 흐름은 정치적 권위와 국제 협약에 의해 재가를 받아야 한다. 이러한 체제 안에서 국가는 자신의 영토와 그 안에서 벌어지는 일들을 통제할 수 있는 역량에 대한 권력을 소유한다. 그런데 세계 시장의 출현은 의사 결정의 중추였던 민족 국가를 불필요하게 만들고, 그와 더불어 지난 350년간 건설해 온 대의 정치와 국가 역량을 행사하는 장치 일체를 불필요하게 만든다는 것이다. 민족 국가와 그 장치들은 인간 사회들 사이의 관계를 조직하고 이해하는 데 있어서 과거의 양식에 속하는데, 그것은 경제보다는 안보에 초점이 맞추어져 있다.

초기에는 국제 정치를 조직하는 원리를 이런 식으로 이해하는 것이 강했었지만 나중에 심각한 도전을 받게 되었다. 그 까닭은 무엇보다도 세계 시장이 다스려지는 방식과 그 안에서 국가가 담당하는 역할을 영토 주권이라는 이념이 더 이상 제대로 포착하지 못하기 때문이다. 이러한 통찰이 바로 세계화라는 명제의 기원이다. 그것은 국가와 그 밖의 모든 조직들을 국제적 국가 체제의 관점에서 보기보다는 세계 시장의 관점에서 바라본다. 세계 시장에서 기본 단위는 민족 국가와 민족 경제가 아니라 국경을 넘나들며 작동하면서 어느 특정한 민족 영토나 정부에 의존하지 않는 다국적 기업과 그 밖의 기관들에 의해 조직되는 생산 및 소비의 유형이다. 세계 금융 시장과 국제 무역의 유형은 민족의 경제 정책을 조형한다. 흔히 거론되듯이 1970년대의 영국이라든가 1980년대의 프랑스라든가 1990년대의 스웨덴처럼 고용을 장려하고 경쟁력 없는 산업을 보호하고 시장이 지불할 준비가 되어 있는 것 이상으로 지출함으로써 시장으로부터 오는 압력을 무시하거나 그에 저항하는 민족 정부는 재정 위기의 위험을 무릅쓸 수밖에 없다. 만일 이들 정부가 그와 같은 정책을 계속 고수한다면, 그들은 경제 성과의 저하, 통화 가치의 절하, 저低투자라는 징벌에 시달리게 된다.

민족 정부는 세계 시장이라는 시류에 영합하는 것을 선택할 수도 있고 그에 저항할 수도 있다. 만일 후자를 선택한다면 그 정부는 국민을 궁핍하게 만들 것이고 정부의 몰락이나 정치적 억압을 조장할 것이라고 세계화 명제는 예언한다. 세계 시장의 등장은 정부가 자율성을 상실하고 자유로운 경쟁과 교환을 방해하는 모든 것을 분쇄하는 공격 망치로 작용하면서 세계 경제의 위력을 나타내는 부호符號가 된다는 것을 의미한다. 이 과정은 불가피할 뿐만 아니라 축복받은 일이기도 하다. 그것은 지금까지 국제적 국가 체제와 세계 경제에서 주역의 역할을 하던 민족 국가를 침식시키면서 정치와 정부를 필요로 하지 않고도 잘 조율되어 운영되는 세계 시민 사회global cosmopolitan society라는 19세기의 꿈에 더욱 가까워지게 만든다. 그러한 사회는 단일한 정치적·사회적·경제적·이데올로기적 원리들의 집합을 중심으로 통일된다. 정치적 논쟁이란 존재하지 않을 것이며, 따라서 대안도 없게 될 것이다. 이런 식으로 세계화에 관한 초超세계화론적 hyperglobalist 설명은 역사의 종말이라는 전망과 접합된다. 민족 국가는 이데올로기의 분열을 지속시키려 하고 주권이라는 시대에 뒤진 개념에 집착하여 재화와 투자의 최적 배치에 간섭하려는 힘들의 저장고이기 때문에 이미 그 수명을 다했다. 이제 정치는 자발적인 세계 시민적 경제 질서가 지닌 생동하고 창조적이며 유연한 힘들을 짓누르는 방해만 될 뿐 활기도 없고 역행적이고 반동적인 자체 중량dead weight으로 간주된다.

세계화로 나아가는 추세는 허구적인 것이 아니다. 실제적이고도 중요한 변화가 세계 경제에서 일어났으며, 이 변화가 민족 국가를 약화시키고 그 주권을 부식시켰다. 그렇지만 이보다 더 극단적인 초세계화론자들의 주장은 대부분 설득력이 없다. 국제 정치에 관한 이런 사고방식은 다음과 같은 오류를 지니고 있다. 첫째로 그것은 세계 시장을 마치 이제 막 도래한 새로운 조직화의 형식인 양 취급한다. 둘째로 그것은 세계 시장을 정치나 정치적 의사 결정과 전적으로 무관하고 그 밖의 다른 질서 원리들과도 전적으로 무관한 하나의 자연적인 과정인 것처럼 취급한다.

그러나 세계 시장이 1991년이나 1971년에야 비로소 시작된 것은 아니다. 국가에 의해 조직된 국제 정치와 시장에 의해 조직된 국제 정치를 대비시키는 것은 옳지 않다. 현대의 세계 시장에 앞서서 17세기에 유럽의 국제적 국가 체제의 병합이 있었으며, 세계 시장은 이와 불편한 관계 속에서 존속해 왔다. 국제 정치의 역사는 한 가지 질서 원리만이 아니라 그 이상의 여러 질서 원리들을 반영한다. 세계 시장의 세계 시민적 질서와는 별도로 국제적 국가 체제의 영토 질서라든가 초국가적 관리 체제의 헤게모니 질서라든가 국가 세계와 시장 세계를 매개하는 세계 시장을 위한 규칙 형식들이 존재한다.

이들은 국제 정치와 세계 질서의 요구 사항들을 이해하는 또 다른 원리들이며, 그와 관련해서 자연적인 것이라곤 전혀 없다. 그것들은 복잡한 정치적 선택과 배치를 반영하고, 특정한 제도를 발생시키며, 정치적 수단에 의해 유지되어야만 하는 정치적 구성물이다. 이런 방식으로 국제 정치를 사유하는 것은 우리 세계가 지닌 정치적인 면에 그리고 우리의 운명을 결정짓는 우연과 선택들의 복합적인 상호 작용에 주의를 환기시킨다. 세계화가 촉발한 추세가 얼마나 강하건 간에 그것은 여전히 정치적인 것의 일부분이거나 정치에 의해 다스려지는 것으로 남아 있다. 세계화 담론에 의해 실제로 주장되는 바는 기껏해야 세계화가 정치적 우선성과 정치적 제약들의 또 다른 집합을 도입한다는 것에 불과하다. 하지만 이는 우리가 사는 세계의 본성에 관한 정치적 논변의 일부일 따름이다. 그것은 정치의 종말을 신호하는 것과는 사뭇 거리가 멀다.

우리는 세계화에 관한 논쟁을 다음과 같은 방식으로 독해할 수 있다. 세계화에 대한 비판은 초세계화론적 설명에 포함되어 있는 것과는 다른 일단의 정치적 선택을 보존하고자 애쓰며, 또 설사 세계화론자들이 채택하는 우선성을 성취하는 일이 바람직하다고 간주하더라도 이는 오로지 민족 국가라는 기제를 통해서만 이루어질 수 있다는 점을 지적한다. 왜냐하면 세계 시장이 의존하고 있는 대부분의 관리 기제가 민족 국가에 의해 조직되고 유지되기 때문이다. 자본주의의 출현 이래로 세계 경제의 힘과 세계 시장이 늘 존재했지만, 그것은 언제나 비非시장 제도와 특히 국가 및 비국가를 모두 포함한 관리 체제에 의존해 왔다. 관리의 형태는 세계 경제에서의 변화에 조응하여 변화해 왔다. 그렇다고 해서 세계 시장 자체가 자신의 내부적 관리 기제를 공급할 수 있으리라는 생각은 순진한 것이다.

지역주의

어느 한 민족 국가에서 취하는 정책을 위한 경제 동향들의 집합으로서 세계화가 무엇을 함의하는지는 명확하지 않다. 예를 들면, 지역 경제 집단들이 회원을 구성하는 것은 한 국가가 세계화에 순응하는 데에 도움이 되는가 아니면 방해가 되는가? 세계 여러 구역에서 국가들은 일정한 형태의 지역 경제 집단에 참여하도록 압력을 받고 있다. 유럽이 이런 면에서 가장 앞서 있지만 유럽연합 내에서도 유럽 통합을 심화시키고 확장시키는 것이 과연 바람직한지에 관해서는 논쟁이 활발하게 벌어지고 있다. 확장에 반대하는 사람들은 종종 기존의 연합이 누리던 이점이 희석되는 것을 원치 않는 까닭에 반대한다. 이들은 특히 노동 이주에 반대한다. 심화에 반대하는 사람들은 종종 이를 하나의 초超 유럽 국가의 탄생을 향한 움직임으로 간주한다. 이들은 그와 같은 국가가 세계화에 역행할 것이라고 주장한다. 왜냐하면 그런 국가는 세계 최고의 성장률을 보이는 동아시아와 북아메리카 경제에서의 급변하는 비용과 시장에 대응하는 역동적이고 진취적인 국

가가 되기보다는 오히려 집중화되고 보호주의적이며 관료주
의적인 국가가 될 것이기 때문이라는 것이다.

유럽연합이라는 기획을 옹호하는 사람들은 심화와 확장
둘 다 바람직한 목표이며, 효율적인 초민족적 관리 층위 및
민족 하부적 관리 층위를 창출할 때에만 고소득과 높은 복지
를 누리는 유럽 경제를 유지할 수 있는 일종의 비시장적 제
도들을 만들 수 있다고 믿는다. 그들은 세계화가 각 국가의
경제에 미치는 충격에 충분한 영향력을 행사할 수 있는 역량
을 국가에 부여하기 위해서는 반드시 지역화가 필요하다고
주장한다. 반反유럽주의자들은 지역화와 세계화 사이의 연결
고리를 간과하고 있는데, 이는 그들의 정책을 실제로는 보호
주의적이고 고립주의적으로 만든다. 상호 의존은 민족 수준
에서는 더 이상 해결할 수 없는 문제들을 만들어 내기 때문
에 세계 시장 속에서 민족 주권의 공동화共同化가 불가피하다.

세계의 다른 지역에서 제기되는 지역주의적 기획을 위한
논변도 이와 유사하다. 그것은 대개 경제적이기보다는 정치
적이다. 지역화는 민족 국가가 더 이상 제공하지 못하는 역
량을 제공해 주고 경제적 안정성을 높여 준다는 것이다. 그
러나 중심부의 국가 내지 국가들과 주변부의 국가들 사이에
존재하는 불균형 때문에 유럽 이외의 지역에서 그와 같은 지
역 집단을 발전시키는 데에는 심각한 난점이 있다. 이는 미
국이 차지하는 위상 때문에 아메리카에서 가장 두드러지지
만, 잠재적인 지도 국가인 일본과 중국의 존재로 인해 동아

시아에서도 난점이 있기는 마찬가지이다. 선진 개발 지역인
이 세 권역 이외에 아프리카나 남아시아에서는 지역 협력이
거의 존재하지 않는다. 그런데 그와 같은 정치적 구조들과
공론장公論場이 결여되어 있을 경우에는, 특히 남반구에서 세
계 시장을 자신의 요구에 맞게 조형하는 국가의 능력이 매우
제한적일 수밖에 없다.

신자유주의적 기획

그러므로 세계화는 일정한 경제 동향을 나타낼 뿐만 아니라
특정한 정책을 지원하고 대안적 정책들을 배제하는 하나의
특정한 규범적·이데올로기적 기획을 의미하기도 한다. 이
두 번째 의미에서 세계화는 특히 공공 지출, 복지, 산업 조정,
가격 및 소득 정책 등과 관련된 국내 정책에서 일어나는 본
질적인 변화를 정당화하는 데에 이용되어 왔다. 새로운 제약
들을 받아들이고 또 민족 정부와 세계 시장 사이의 변화된
균형을 받아들이는 것이 새로운 정치적 지혜이자 정치적 정
설이 되었다.

　　그렇지만 세계화 담론에는 단 한 가지만 있는 것이 아니
라 여러 가지가 있다. 세계화라고 일컬어지는 무엇인가가 있
음을 인정하거나 또는 최소한 더욱 통합된 세계 시장으로 나

아가는 일정한 경향이 존재한다는 점을 인정하는 것은 세계
화 논변의 끝이 아니라 그 시작에 불과하다. 국가와 단체들
이 이런 변화에 순응하는 데에는 아주 다양한 방식들이 있기
때문이다. 현시대에 세계화에 전혀 주의를 기울이지 않는 정
치적 논변이 도대체 어떤 것일지는 상상하기조차 매우 어렵
다. 그런 정치적 논변은 이미 몇 세기 동안 불가피한 정치 현
실이 되어 버린 세계 시장에 전혀 주목하지 않는다는 것을
의미할 것이기 때문이다. 세계 어느 지역의 어떤 정치적 교
설이나 정치 프로그램도 세계 시장, 세계 시장에서 나타나는
추세들, 그것이 영토 주권과 초국가적 관리에 대해 갖는 함
의들을 쉽게 무시할 수는 없을 것이다.

우리가 세계화에 관한 담론들을 일단 정치적 관점에서
바라보면 그것을 훨씬 쉽게 이해하고 평가할 수 있게 된다.
정치를 넘어선 세계 시민적 질서라는 세계화에 관한 대중적
이해에서 발견되는 전망은 특정한 정치적 환상임이 밝혀지
는데, 설사 이에 도달하기 위한 정치적 조건들을 보증하기가
불가능하지는 않다 할지라도 매우 어려울 것이고, 그것이 내
포하고 있는 근거 기반과는 다른 근거 기반들을 종종 포함하
기도 한다. 그와 같은 세계 시민적 질서는 이해 관심들의 자
발적인 동일화를 가정하는데, 그것은 교환이 모두에게 이익
이 되도록 보장하는 데 필요한 규칙들을 만들어 내고 시행할
수 있도록 해준다. 하지만 이런 자발적인 동일화는 어떻게
이루어지는가? 최소한 개인들이 서로 맺은 약속을 지키도록

만들고 그렇게 함으로써 신뢰와 합리적인 확신이 발달할 수 있도록 만드는 방법이 있어야만 한다. 그러한 질서는 국가의 보조가 없다면 발생할 수도 유지될 수도 없을 것이다. 이것이 사실이라면, 신新자유주의자들에게 제기되는 정치적 물음은, 국가가 자유주의적 질서를 손상시키기보다는 지원하는 정책을 채택하리라는 것을 그들이 어떻게 보장할 수 있는가라는 것이 된다.

이 물음은 종종 마치 세계 시장이 존재하지 않는 양 일개 민족 국가라는 협소한 범위 내에서 파악되었다. 그러나 세계 시장의 존재를 일단 인정하고 난 다음에는 일국 내의 신자유주의가 일국 내의 사회주의만큼이나 쓸모없게 된다. 막연히 하나의 민족 경제를 세계 시장으로부터 분리시키기란 불가능하기 때문이다. 이 점은 각별히 신자유주의와 마르크스주의에 해당하는 사실인데, 왜냐하면 그 둘 모두가 보편주의적인 교설이기 때문이다. 신자유주의와 마르크스주의는 모두 세계 전체를 개조하는 데에 사용될 수 있는 사회 질서의 참되고 보편적인 원리들에 대한 일정한 객관적 통찰을 소유하고 있다고 믿고, 또한 단지 인류의 일부분보다는 인류 전체를 그 이론적 출발점으로 삼고 있다. 이 사상 체계들은 원리상 민족 국가에 적대적이다. 그들은 국가보다는 경제로부터 질서 원리를 도출해 내고, 또 경제 개념을 특수주의적 방식보다는 보편주의적 방식으로 이해한다. 그런데 민족 국가는 태생적으로 특수주의적이다.

그러나 신자유주의적 교설이 안고 있는 문제는 그보다 더 심각하다. 신자유주의는 부와 경제적 자유를 극대화하기 위해 경제에 대한 국가의 간섭을 최소한으로 줄일 것을 주장했던 고전 정치경제학자들의 전통적인 자유 시장에 대한 분석에 깊이 의존하고 있다. 이런 생각에서 신자유주의는 야경 夜警 국가, 즉 법과 공공 질서와 건전한 통화와 계약의 이행을 유지하는 최소한이기는 하지만 매우 중요한 기능을 갖춘 국가라는 국가관을 고수한다. 비교적 제약받지 않는 경제적 교환을 위한 공간을 가능하게 만드는 조건들을 처음에 수립하고 또 강제할 때 국가는 강력하고 확고할 필요가 있었다. 그런데 하물며 민주주의가 도래하고 모든 국민에게 선거권이 부여된 후에, 정치적 의지가 국가로 하여금 이런 최소한의 역할 개념에 머무르도록 어떻게 보장할 수 있겠는가? 그리고 둘째로 자유 교환이 가능한 경제적 공간이 국경에 의해 인위적으로 제한받지 않도록, 자유주의적 국가의 원리가 국제적 영역으로 확장되는 것을 자유주의적 국가가 어떻게 보장할 수 있겠는가?

이에 대한 전통적 답변 중 하나는 그것이 정치 행위의 문제라고 주장하는 것이다. 자유주의자가 이념의 전투와 조직의 전투에서 승리해야 하고, 우파이건 좌파이건 또는 보수주의자건 사회주의자건 자유로운 사회에 적이 되는 자들을 모두 물리쳐야 한다는 것이다. 자유주의자들은 모든 국가가 채택하는 공식적인 철학이 확실하게 자유주의적인 철학이 되도록 만들어야 한다. 그렇게 함으로써 전 세계가 자유주의로 전향할 수 있게 될 것이다. 각 국가의 국민들이 일단 자유주의의 혜택을 경험하고 나면, 그들은 결코 자유주의를 버리지 않을 것이다. 자유주의의 최종적인 승리에 대한 자유주의자들의 확신은 현대 사회에 자유주의적인 구조만이 번영과 진보를 제공할 수 있다는 믿음에 기초하고 있다. 자유주의자들은 자신들의 생각이 옳고 그 상대자들의 생각은 그르기 때문에 자신들이 승리할 것이라고 생각한다.

신자유주의와 국가

신자유주의자들은 여전히 자유주의적 이념들이 진리라고 믿는다. 그러나 20세기에 발전된 확대 국가의 후원을 받는 모든 형태의 집체주의collectivism를 맹렬하게 비난하면서 신자유주의자들은 자유주의의 궁극적인 성공에 대해 매우 비관적인, 공공 선택 학파public choice school가 도출해 낸 분석 양식들을 혼합시킨다. 공공 선택 분석은 국가가 그 구성 요소인 개별 행위자, 즉 정치인 및 관료들로 분해되어야 한다고 주장하면서 간단한 경제학적 분석을 국가 자체에 적용시킨다. 이 행위자들은 모두 사적 영역에서의 행위자들과 마찬가지 방식으로 행위하는 것으로 파악된다. 그들은 이기적이어서 어느 특정한 행위에 포함되어 있는 자신의 이익을 극대화하고 그 비용은 극소화하는 방향으로 행위한다. 그들이 자기가 하는 일을 설명하는 데에 "공적 이해 관심"이라는 용어를 사용한다면 그것은 단지 자신의 자기 이익을 은폐하기 위해 이용하는 수사적 장식에 불과하다.

정치인과 관료가 이기적이고 이익을 극대화하는 행동을 한다는 것이 함축하는 바는 우리를 곤혹스럽게 만든다. 공적 이해 관심의 중립적 보호자라는 국가관은 사라져 버렸다. 국가는 사회의 상위에 서서 이해 관심들 사이의 갈등을 더 큰 선을 위해 중재하는 것으로 파악되는 대신에 그 자신의 일련의 사적 이해 관심으로 물들어 있으며, 게다가 경쟁 시장의 장이 제공하는 여러 제약들에서마저 벗어나 있는 것으로 파악된다. 20세기에 국가가 엄청나게 팽창한 것이 그 중요한 결과들 중 하나이다. 민주주의의 요구에서 오는 내부 압력과 안보의 요구에서 오는 외부 압력이 결합하여 정치인과 관료로 하여금 그들이 어떤 수사를 사용하건 간에 정부의 규모를 확대하는 것의 옹호자가 되게 만든다. 더 많은 예산과 더 강력한 행정권은 정치인과 관료들에게 이득을 가져다준다. 국가 및 국가 프로그램의 지속적인 팽창을 지원하는 이익 집단들이 현대의 확대 국가가 활동하는 모든 층위에서 확고하게 자리 잡게 되었다. 민주주의가 작동한다는 말은 정치인들이 제시하는 새로운 지출 계획에 드는 비용을 고려해야 할 유인이 유권자들에게 거의 없다는 것을 의미한다. 능숙한 정치인은 증가하는 지출에서 오는 이득은 (특정 부분의 유권자들에게) 집중되어 있고 그 비용은 분산되어 있는 것처럼 보이게 만든다. 이렇게 하여 민주주의는 공공 지출과 세금이 장기적으로는 항상 인상되는 방향으로 나아가게 하는 기중기를 제공하는 것으로 간주되었다.

이런 신자유주의적 관점에서 관료주의적 확대 국가는 도무지 벗어나기 어려운 쇠창살이 된다. 신자유주의적 정치인들은 설사 그들이 선거로 뽑혔을지라도 국가의 제도적·조직적 현실에 직면하게 될 것이고, 그들의 자기 이익은 국가를 변호하고 국가의 권력과 예산을 확대시키게 될 것이다. 왜 신자유주의적 정치인은 다른 정치인들과 굳이 달라야만 하는가? 모든 개인이 이기적이고 그들이 처한 맥락 속에서 자신의 이익을 극대화하기 위해 행위한다면, 신자유주의적 정치인이 신자유주의적 프로그램을 수행하기 위해서는 자신의 이해 관심에 역행하여 행위해야만 할 것이다. 신자유주의적 정치 기획은 공적 이해 관심을 위해서는 확대 국가의 폐지가 요구된다는 점을 이해하는 성스러운 이타주의자들의 집단을 요구하는 것으로 보인다. 그러나 신자유주의적 세계 이해와는 반대로 설사 그런 사람들이 있다 할지라도 그들이 일시적으로만 이타적이고 성스러워서는 안 된다. 그들은 지속적으로 그러해야만 하고, 활동적인 국가로 돌아가려는 그 어떤 시도도 격퇴시켜야만 할 것이다.

이것이 일개 민족 국가 내에서의 문제점이라고 한다면,

세계 시장의 관리에 신자유주의적 원리를 도입하는 것이 함축하는 바를 고려할 경우, 그 문제점은 신자유주의적 기획에 더욱 심각해진다. 다시 한 번 묻건대, 여러 다양한 국가의 정치인과 관료들로 하여금 자유주의적 국제 질서를 위한 조건들을 확실하게 충족시키는 틀을 수립하고 단속하는 데에 동의하도록 유도할 수 있는 유인으로 어떤 것을 상상할 수 있겠는가? 신자유주의자들은 또다시 협력에 필요한 원리와 규칙들이 자발적으로 발생하여 정부가 연루될 필요가 없다고 믿거나 아니면 정책 엘리트들의 선견지명을 신뢰하는 수밖에 없다. 그런데 그런 정책 엘리트는 민주주의적 체제에서보다는 오히려 권위주의적 체제에서 더 쉽게 상상이 간다. 민주주의적 체제에서는 정당들 사이의 선거전에서 경쟁적으로 입후보하는 데에 소요되는 과다한 지출이라는 압력에 직면하게 되기 때문이다. 확대 국가를 현저하게 축소시키려면, 신자유주의적 정당은 선거를 통해 국가 예산의 감축을 대중적으로 만들 수 있는 길을 찾아야만 할 것이다. 감세가 그 한 가지 방법이다. 그러나 수사修辭는 실체와 동떨어져 있는 경우가 많고, 국가를 예전 수준으로 되돌리는 데에 신자유주의적 정부가 실제로 성공한 사례는 별로 없다. 확대 국가의 항존성은 20세기가 낳은 중요한 사실들 중 하나였고, 21세기가 물려받은 주된 유산 중 하나이다.

그렇기 때문에 신자유주의자들은 비정치적인 세계 내지 심지어 반反정치적인 세계라는 이상을 고집한다. 그러나 이 이상은 오직 정치를 통해서만 성취될 수 있다. 그래서 정치가 작동하는 방식에 대한 신자유주의자들의 분석은 그들 자신의 이상을 달성하는 데에 오히려 커다란 장애물을 만들어 낸다. 여러 관할권으로 나누어져 있는 세계 시장의 존재는 문제를 더욱 어렵게 만들 뿐이다. 신자유주의자들은 이 역설을 다양한 방식으로 처리한다. 정치가 악한 힘에 속하기는 하지만, 외부의 어떤 정치적 지원도 필요로 하지 않고 자기 조절의 역량을 지닌 시장의 자발적인 질서의 힘 덕분에 정치의 악한 힘을 아직은 무시해도 된다고 믿는 것은 가장 만족스럽지 못한 방안이다. 이보다 현실적인 방안은 신자유주의적 기획이 성공하기 위해서는 그것이 핵심 국가들과 세계 시장의 초민족적 기구들의 정치 엘리트들로부터 승인받을 필요가 있다는 점을 인정하는 것이다. 이것이 왜 세계화에 관한 담론들 중 한 가지 중요한 갈래에서 민족 주권에 대한 강한 집착과 세계 시장을 향한 완전한 개방성의 옹호가 서로 결합되는지를 설명해 준다. 신자유주의적 원리에 따라 움직이는 민족 경제만이 세계화를 통해 창출된 기회의 이점들을 최대한 포착할 수 있다. 민족 주권의 중요성이 세계 시장에 장애를 주거나 민족 경제를 세계 시장으로부터 격리시키지 않게 되었으며, 오히려 민족 경제가 세계 시장에 가능한 한 통합되고 그런 통합에 대한 국내적 저항이 극복되도록 보장하게 되었다.

이런 사례에서 흥미로운 점은 그것이 세계화에 관한 담

론들 속에서 상이한 질서 원리들이 결합될 수 있는 방법을 보여 주고 있다는 것이다. 영토 주권에 대한 강한 집착이 세계 시장에 관한 초세계화론적 설명을 미리부터 배제하지는 않는다. 신자유주의적 기획과 관련해서는 오히려 세계 시장이 영토 주권을 적극적으로 요구한다고 주장할 수 있다. 왜냐하면 이에 대한 주요 대안은 무정부주의적 자본주의로 향하는 길을 가리키는데, 이는 무척이나 공상적이기 때문이다. 신자유주의가 민족 국가를 장악할 때에만 신자유주의적 기획이 민족적 수준에서도 또 세계적 수준에서도 정착될 수 있는 전망이 열리기 때문이다. 신자유주의자들이 세계 시장과는 다른 형태의 초국가적 관리를 신봉할 것이라고는 기대할 수 없다. 그러나 또한 세계 시장의 지도적인 기구들을 신자유주의자들로 식민화하고 신자유주의적 원칙의 노선에 따라 세계 시장에 적용되는 헤게모니 규칙의 틀을 짜는 것이 신자유주의적 기획에 가져다주는 이점은 상당하다. 특히 그에 대한 대안이 이런 기구들 대부분을 개입주의적 자유주의자들의 수중에 내맡기는 것일 경우에는 더욱 그러하다.

이 책이 주장하는 바의 요점은 신자유주의가 비록 정치를 비방하고 정치가 없는 세계를 꿈꾸지만 신자유주의는 정치적인 것이 지닌 다양한 차원에 대해 그리고 자신의 우월성이 정치적 현실이 되도록 보장하려면 무엇을 해야 하는지에 대해 뛰어난 감각을 가진 지극히 정치적인 교설이라는 점이다. 어찌 그렇지 않을 수 있겠는가? 신자유주의는 민족 국가를 약화시키기는커녕 실제로는 민족 국가에 더 커다란 중요성을, 그것도 세계화의 이름으로 부여한다. 경제를 세계 시장 안으로 완전히 통합시켜야 한다는 요구가 바로 장애를 제거하고 국내 제도를 국제 제도에 맞게 정비함으로써 그러한 통합을 촉진시킬 국가가 존재할 필요성을 그토록 중요하게 만든다. 이런 특정한 유형의 신자유주의가 지닌 특징은 세계 시장의 본성에 관한 극도의 운명론을 민족 국가에 관한 극단적인 주의주의主意主義와 결합시킨다는 데에 있다. 민족 국가는 정당성과 정체성 그리고 의미와 목적의 원천으로 남지만, 민족 국가가 민족의 삶을 모든 면에서 세계화의 명령에 종속시키는 것이 자신의 목적이라는 점을 받아들이는 한에서만 그러하다. 민족 국가의 역량이 세계 시장 안으로 민족 경제의 통합을 촉진시키기 위해 사용되지 않고 다른 방향으로 사용된다면, 그런 역량은 유해한 것이다.

보편주의에 대항하여

1970년대와 1980년대에 세계화는 신자유주의와 결합된다. 그래서 세계화는 또한 통화주의, 규제 철폐, 민영화, 유연한 노동 시장 등 신자유주의의 특정한 정책적 처방들과 강하게 결합하게 된다. 이런 일괄 정책은 미국과 영국을 포함한 몇

몇 핵심 국가들만이 아니라, 특히 국제통화기금IMF, 세계은
행, 경제협력개발기구OECD 같은 여러 국제기구들에 의해서
도 채택되었다. 그리고 이 정책을 여타 세계에까지 수출하려
는 결의에 찬 노력도 이루어졌다. 세계화가 때때로 신자유주
의와 동의어인 듯이 보이는 것은 여기에서 기인한다. 많은
국가가 민족적 케인즈 정책을 포기한 것은 국가의 자율성이
패배하고 시장이 이제 새롭게 지배할 것이라는 신호로 간주
되었다. 소비에트 연방의 해체와 더불어 1991년 이후 신자유
주의의 의기양양함은 새로운 절정에 올라서게 된다. 신자유
주의의 많은 신봉자들은 공산주의와 국가 사회주의만이 아
니라 사회 민주주의의 대부분 형태를 포함하여 국가가 경제
에 개입하는 모든 형태가 불신을 받게 되었다고 줄곧 상정했
다. 이런 형태들은 농노제로 가는 도중의 여러 단계들을 나
타낼 뿐이라는 것이다. 현대 사회에서 경제 활동을 조율하는
유일하게 실행 가능한 방식은 시장 질서뿐이라는 보편적인
진리를 재확인하는 일만이 필요할 따름이다.

　　이런 신자유주의적인 모습을 띤 세계화는 강력한 비판을
받게 되었다. 그런 비판적인 논변 중 한 노선은 신자유주의
가 보편주의적 교설이라고 자임하는 것을 공격한다. 즉, 신자
유주의는 유토피아적 체계의 하나라고 혹평하는데, 그 옹호
자들은 그것이 초래하는 사회와 제도의 해체와 그 비용은 아
랑곳하지 않은 채 이 유토피아적 체계를 세계 전역에 강요하
고자 한다는 것이다. 이때 주된 표적이 되는 것은, 모든 인류

에게 적합한 하나의 보편적 율법이 있으며, 신자유주의야말로 바로 그 진리를 포착했다고 주장하는 계몽주의적 교설이다. 마르크스주의가 진지하게 고려해야 할 후보자 명단에서 사라지고 난 후에, 여러 특수한 변양들을 지닌 자유주의는 이제 보편적 가치와 합리적 사유의 지상권至上權 그리고 덕과 이성과 행복을 결합시키는 능력을 강조하는 계몽주의의 도전자 없는 마지막 대표자가 되었다.

  그러나 신자유주의를 비판하는 대부분의 노선은 신자유주의가 내세우는 보편주의를 하나의 가식으로 여긴다. 세계화가 곧 보편적인 문화나 보편적인 문명을 가져오는 것은 아니다. 세계화에 따른 사람들 사이의 보다 긴밀한 연결이 국가 체제를 넘어서거나 서로 분리되어 있는 문명과 문화들을 넘어선 어떤 초월적인 것을 미리 형태 짓지는 않는다. 이와 같은 세계의 완강한 다원주의는 세계에 한 가지 보편주의적 교설을 강요하고 모든 사회를 하나의 단일한 유형, 즉 제국주의적 유형에 들어맞도록 변형시키려는 시도를 하게 만든다. 이런 시도는 국가 권력, 그것도 패권 국가(미국)와 그 동맹국들의 권력을 사용할 때에만 가능하다. 그러나 신자유주의를 비판하는 사람들은 그러한 시도가 세계화와 신자유주의의 정체를 폭로한다고 주장한다. 즉, 그것은 결코 자발적이고 비정치적인 발전이 아니라 세계 시장에서 지배적인 권력 집단의 이해 관심에 봉사하는 교설과 담론이라는 것이다. 무엇이 국가와 문화를 변별적으로 만드는지에 대한 분별없는 경시와 정치의 종말에 관한 운명론 속에서 신자유주의는 저항에 부딪혔을 경우 자신의 이념을 강요하기 위해 힘에 호소한다.

현대 세계가 일단의 단일한 가치와 제도들에 의해 통일되는 것은 바람직하지도 않고 실행 가능하지도 않다는 의미에서 극단적으로 다원주의적이라면 세계화는 어디에 위치하는가? 어쨌든 세계 시장은 엄연한 현실이고, 그것을 다스리는 수단들도 어느 정도 발견되었다. 신자유주의는 세계 시장을 다스리는 한 가지 방식을 제안하는데, 그것은 모든 국가가 세계 시장에서 경쟁이 요구하는 것에 순응하여 자신의 내부를 재배치하고 모든 형태의 개입을 포기한다는 것을 포함한다. 이러한 체제의 조종 기제는 세계 시장 자체에, 즉 경제적 산출을 결정짓는 무수히 많은 개인들 사이의 상호 작용에 있다. 국가적 수준에서건 국제적 수준에서건 국가가 수행해야 할 임무는 다만 이와 같은 상호 작용이 최소한의 혼란과 간섭만으로도 유지될 수 있도록 만드는 틀을 보장하는 일뿐이다. 그리고 이 틀은 세계가 어떻게 작동하고 또 어떻게 작동해야만 하는지에 관해 신자유주의적 가정들로 물들어 있는 국제기구들에 위임된다. 그 최종 결과는 정치가 미치는 범위를 넘어선 세계 시민적 질서이다.

보편주의에 반대하는 사람들에게는 한 가지 대안이 있다. 그들은 세계 시민적 질서라는 관념에 대항하여 영토 질서의 중요성을 강조한다. 다만 앞으로 이 영토 질서는 민족 국가라는 원리에 기초하기보다는 전통적인 국제적 국가 체제에 적합한 구조에 더 치중하여 기초를 두어야 한다. 그것은 폐쇄된 지역주의의 세계는 아니라 할지라도 적어도 명확하게 한정된 권역들의 세계가 되어야 한다. 각각의 권역은 별개의 문명에 기반을 두고 또 각각의 문명은 하나의 핵심 국가를 가지는데, 이 핵심 국가는 그 문명 내에서 다른 국가들의 사안에 개입할 권리를 갖고 있다. 이렇게 해서 별개의 영향권들이라는 교설이 부활하게 된다. 어느 한 문명의 국제기구나 핵심 국가는 다른 문명에 속하는 국가의 일에 개입할 권리를 갖지 않는다. 세계 질서는 관찰할 수 있는 영토 주권의 원리와 — 예를 들면, 권역들 사이의 경제 교류를 위한 — 지도적 문명들의 핵심 국가 간에 합의된 어떤 일반 규칙들에 의존하게 되며, 그것이 보편적 가치라는 이름으로 패자覇者에 의해 모든 국가에 강요되지 않는다.

신자유주의적 형태의 세계화와 마찬가지로 이 대안 역시 세계 질서에 관한 하나의 독특한 정치적 전망이다. 신자유주의자들이 세계화를 우리의 운명으로 간주하고 민족적 특이성을 세계화에 종속되는 한에서만 축복하는 반면에, 반反보편주의자들에게는 현대 세계가 지닌 운명의 원천이 문화와 정체성들에 놓여 있다. 각 개인과 각 사회를 조형하고 보편주의적 몽상을 불가능하게 만드는 특이성들을 확립하는 것은 바로 이 문화와 정체성들이다. 이것이 모든 관리 체제의 근거 기반이 되어야 한다. 세계 시장은 확고한 지역적 근거 기반 위에 구축되었을 때에만 심각한 갈등 없이 기능할 수 있다. 세계는 자연적으로 권역들의 세계이며, 헤게모니의 노련함이란 알력과 전쟁의 위협이 최소화되게 관리되도록 보장하는 것이다.

보편주의와 반보편주의 양자 모두가 지닌 약점은 그들의 운명론에 있다. 그들은 세계 문화가 되었건 세계 문명이 되었건 어떤 특정한 구조에 행위 작용과 정치의 가능성을 무력화시킬 정도의 중요성을 부여한다. 행위자들이 할 수 있는 일이라곤 다만 이러한 제약의 그림자 속에서 행위하는 것뿐이다. 그들의 행로는 대부분 미리 결정되어 있다. 그렇지만 정치적 선택과 대안들은 여전히 존재한다. 마지막 장에서 우리는 이를 더 상세하게 탐구할 것이다.

4. 권위의 종말

우리는 현시대의 정치적 담론에 만연해 있는 운명론의 또 하나의 예로 권위가 침식되고 있고 붕괴에 가까워졌다는 주장을 자주 듣는다. 이런 운명론에는 두 가지 형태가 있다. 그 첫 번째는 권위에 대한 존중이 무너졌기 때문에 현재는 가까운 과거에 존재했던 어떤 황금시대보다 더 나빠졌다고 상정하는 보수주의자의 운명론이다. 두 번째는 현대 사회에서 어떤 형태의 합리적인 권위이건 그 토대가 모두 파괴되었다고 믿는 탈근대론자와 녹색 근본주의자의 운명론이다.

    권위 개념은 정치관을 구성하는 불가결한 요소이므로 권위의 종말은 역사의 종말이나 민족 국가의 종말과 마찬가지로 모든 정치관에 위협이 된다. 권위를 갖는다는 것은 일정하게 규정된 방식으로 행할 권리를 갖는다는 것이다. 권위의

원천은 다양하며, 어떤 권위 주장이건 다툼의 여지가 있게
마련이다. 그러므로 한 사회를 이루는 가장 중요한 면 중 하
나는 어떻게 권위가 구성되며, 현존하는 상이한 종류의 권위
들 사이에 그 관계가 어떻게 규정되는가 하는 것이다. 우리
는 권위를 부여받은 행위나 명령이라는 말을 하는데, 이는 그
런 행위나 명령이 정당한 것으로 지각됨을 의미한다. 정당성
에 대한 지각이 높으면 높을수록 그 명령에 더욱 자발적으로
복종할 것이고, 강압을 쓸 수 있는 경우라도 그것이 필요 없
게 될 것이다. 반면에 만일 어떤 명령이 권위 있는 것으로 인
정받지 못한다면, 그 명령에 복종해야 할 (그렇게 하는 것이
현명하다 할지라도) 아무런 도덕적 의무도 없다. 그런 명령을
받는 사람은 이를 회피하거나 번복하려고 애쓸 것이다.

　넓은 의미에서 보면 권위 역시 중요하다. 권위는 단지 통
치의 명령과 지시에만 관련되는 것이 아니라 또한 지시나 권
고의 수용과 신뢰 부여가 중요성을 지니는 모든 상황과 관련
되어 있다. 권위는 불확실성을 줄여 주고 안정성을 제공해
준다. 권위의 원천은 관례나 전승된 관습, 법규, 종교, 과학,
개인적인 카리스마, 이데올로기 교설 등 여러 가지에서 유래
할 수 있다. 만일 모든 권위의 원천들이 신뢰를 잃게 된다면,
정치적인 것이 띠는 모습과 정치적 질서의 본성을 인식하기
란 매우 어렵게 될 것이다.

　그렇다면 권위의 종말이란 말은 무엇을 의미하는가? 그
누구든 자신이 좋아하지 않는 권위에 대해서는 반대한다. 또

한 어느 사회나 문화이건 — 예를 들면, 교회와 국가, 기독교와 이슬람, 국왕과 의회, 자본과 노동, 종교와 과학 중에서 — 어떤 권위 주장이 정당한 것인가 혹은 우선권을 지녀야 하는가를 결정하기 위한 격렬한 투쟁들이 항상 있어 왔다. 그 투쟁의 결과는 정치의 모습과 각 정치 체제 내에서의 사회적·정치적 제도들을 결정했다. 하지만 이런 투쟁들 중 상당수는 결코 끝나지 않았으며, 그 논쟁들은 우리의 정치 속에서 여전히 울려 퍼지고 있다. 권위가 붕괴되고 있다는 주장은 사회 질서가 허물어지고 있다는 두려움을 종종 동반한다. 그러나 그것이 의미하는 바는 대개 모든 형태의 권위 자체가 위협받고 있다는 것이라기보다는 한 가지 특정한 종류의 권위가 소멸되고 기각될 위험에 처해 있다는 것이다. 근대사의 대부분은 기존의 권위 형태에 대한 도전과 그것을 대안적 권위 원천으로 대체하려는 시도와 관련되어 있다. 하지만 이는 권위 자체를 폐지하려고 노력하는 것과는 다른 것이다.

이로부터 도출되는 한 가지 결론은 우리 사회에 권위의 종말에 관한 다양한 서사들이 존재하기는 하지만 필자마다 각각 다른 형태의 권위를 강조하고 있다는 점이다. 사회적 보수주의자들은 전통적인 관습과 행동 양식에 뿌리를 둔 권위의 붕괴와 현전하는 일체의 것을 쓸어버리는 반사회적 행동을 허용하는 시류를 공공연히 비난한다. 반면에 진보주의자들은 전통적인 관습과 행동 양식을 대체할 의도로 만들어졌던 제도들 대부분의 권위에 대해 그들이 지녔던 신념을 거

의 상실하고 말았다. 이 두 가지 서사 모두가 운명론적인 것
이 될 수 있다. 그러나 보수주의적 운명론이 급속하게 사라
지고 있는 사회의 제도와 전통에 각인되어 있다면, 진보주의
적 운명론은 현대 과학처럼 그 권위 주장이 더 이상 받아들
여지지 않지만 그것의 권력은 어디에나 침투하게 된 강력한
조직 체계가 존재하고 있다는 사실에서 유래한다. 막스 베버
Max Weber에게는 종교나 친족 관계 같은 전통적인 형태의
권위와 과학이나 관료주의 같은 합리적 · 합법적 형태의 권
위 사이의 갈등이 근대 사회의 결정적인 특징들 중 하나인
반면에, 세 번째 형태의 권위인 카리스마적 권위는 간헐적이
기는 하지만 앞의 두 권위에 때때로 위협이 되는 것이다. 현
시대가 지닌 새로운 점은 전통적 권위와 합리적 · 합법적 권
위 둘 다 본질적으로 허약해진데 반해서 카리스마적 권위를
발휘할 기회는 많아졌다는 것이다.

전통과 사회

보수주의적 서사는 인간 사회에서 전통이 중요하다고 생각
하기 때문에 언제나 권위에 무게를 둔다. 전통 사회란 앞선
세대들로부터 전승받고 그 기원과 심지어는 그 근본 이유가
미상인 관습에 의해 현재의 행위가 엄격히 제한받는 사회이

다. 전통 사회에서 관습은 정체성을 확립하고 긍정하는 수단
이었기 때문에 관습의 고수가 그렇게 중요했던 것이다. 관습
을 바꾸는 일은 그 사회와 그 구성원을 이루는 개인들의 정
체성을 변화시키는 일이다. 관습의 변화가 그토록 격렬한 저
항을 받은 까닭이 바로 여기에 있다. 명치유신 이전의 일본
이나 오토만 제국처럼 극심한 전통 사회에서 새로운 흐름이
확립되기 위해서는 중대한 정치적 파열이 요구되었고, 이는
또한 일정한 복장 양식의 법적 금지로 상징되는 구습舊習의
강제적인 금지를 필요로 했다. "혁신"에 해당하는 말인
"bida"가 "가급적이면 피해야 할 사건"을 의미할 만큼 오토
만 제국은 변화를 혐오했다. 18세기 중엽에 이르러 유럽에서
견고하게 확립된 유행의 개념 내지 신중하건 경솔하건 간에
의상과 예절에 있어서 변화의 개념은 그 이전의 전통 사회와
는 완전히 이질적인 것이었다.

　모든 전통 사회는 오토만 제국과 공통되는 특징들을 가
지고 있는데, 보수주의자는 이 특징들을 즉각 이해하고 그에
동의한다. 정체성에 관한 이런 생각은 다음과 같은 아주 명
확한 운명관을 구체적으로 나타낸다. 인간은 그가 물려받은
전통에 의해 엄격하게 제약을 받는다. 그의 임무는 자신의
문화와 전통이 제공하는 역할을 살아가는 것이지, 의문을 제
기하거나 새로 시작하거나 혁신하는 일이 아니다. 아무리 엄
혹한 전통 사회라 할지라도 모든 혁신과 개혁과 독창성이 가
로막혀 있는 것은 아니지만 그 한계는 전통을 통해 규정된

지배적인 관습에 의해 확고하게 설정되어 있다. 또한 전통은 무엇이 비정상적인 행동인지를 정의하고 그에 대한 처벌을 규정한다.

　모든 사회가 한때는 전통 사회였으며, 모든 사회가 일정한 의미에서는 전통 사회로 남는다. 전통이 없는 사회가 어떠할 것인지를 상상하기란 무척 어려운 일이기 때문이다. 우리가 그런 사회를 도대체 하나의 사회로 인식할 수나 있겠는가? 어느 사회나 가지고 있는 관습과 절차의 전승이라든가 일처리의 관례적인 방식들은 개인이 성장하는 틀을 제공해 준다. 개인이 흡수할 전통이란 것이 아예 없다면, 그 개인은 그 ʹ어떤 종류의 사회적 정체성도 확립하지 못하게 될 것이다. 개인의 정체성을 확립하기 위해서는 우선 그가 속한 사회를 특징짓는 다양한 역할과 목표들에 대한 일단의 공유된 이해가 존재해야 한다. 일반적으로 보수주의자는 전승되어 온 전통과 제도를 보존하고 변화에 저항하거나 적어도 변화를 완화시키고자 한다. 그 이유는 이미 알려져 있고 시도되었던 것이 아직 알려지지 않고 시도되지 않았던 것보다 항상 더 낫기 때문이며, 또한 ― 아마 이 점이 더 중요할 텐데 ― 일단 연속성을 포기하고 나면 정체성을 확립하기란 훨씬 더 어려워지고, 정치 체제는 온갖 병리 현상과 사회적 무질서에 감염될 것이기 때문이다.

　근대에 들어서서 보수주의자가 직면하게 된 난제들 중 하나는 특히 현대 과학에 구현된 것과 같은 합리적 · 합법적 권위의 향상이 개인과 사회 모두에게 지속적인 정체성 위기를 만들어 내면서 모든 전통적인 제도들을 위협하고 있다는 점이다. 이런 시각에서 보면 근대화란 기존의 일처리 방식을 지속적으로 혁명하고 전복시키는 과정이다. 그것은 인간사人間事에 불안정성과 불안전성을 주입한다. 모든 것이 계속 재검토되고 심사되고 재구성되어야 하는 것이다. 보수적이란 말이 도대체 어떤 의미를 지닌다면, 그것은 근대화에 대한 저항을 의미할 수밖에 없다. 그러나 이는 근대 세계의 어떤 조직체나 사회에서도, 심지어 로마 가톨릭 교회처럼 전통을 매우 강조하는 조직체에서조차 유지하기가 아주 불편한 입장이다.

　어느 사회에서건 보수주의자들은 일련의 지연작전을 채택해야 하는 처지에 놓여 있다. 그들은 다음 요새로 퇴각하기에 앞서 진보의 힘을 일시적으로나마 저지하려고 애쓴다. 그러나 그것은 전진 전략이기보다는 지연과 후퇴의 전략이며, 이슬람 근본주의자가 실제로 시도하는 것처럼 보수주의자들이 근대 세계에서 모조리 물러나 자신이 속한 사회를 감염으로부터 밀봉시키려고 하지 않는 한 달리 어찌 할 도리가 없다. 보수주의자들은 언제나 "우리 시대의 피난처"를 구한다. 그러나 양보가 필요하지 않도록 행위함으로써 근대화의 속도를 늦추는 것이 전략적 양보라는 정책을 통해 가장 확실하게 지켜질 수 있을 것인지에 대해서는 그들의 의견이 늘 엇갈렸다. 두 번째 방책은 억압을 요구한다. 그러나 이 방책

을 선택한 보수주의적 엘리트들은 사회적 대격변기에 결국
은 제압당할 위험을, 그것도 소비에트 연방의 사례에서처럼
종종 양보 정책으로 뒤늦게 전환한 후에 제압당할 위험을 무
릅쓰게 된다. 그렇지만 양보 정책이 안고 있는 문제점은 그
것이 도대체 무엇인가를 보존하면서 결말지어질 것인가 아
니면 보수주의자가 애착을 갖고 있는 모든 전통과 권위 형태
가 서서히 파괴되는 일을 단지 묵인하는 것에 불과한가라는
것이다.

　보수주의자들이 논증할 때 어떤 특징적인 고안물들을 채
용하곤 하는 것은 근대에 보수주의적 입장이 지니는 보편적
인 허약성의 결과이다. 그런 고안물들 중 하나가 잃어버린
순수함과 덕의 황금시대라는 관념이다. 이 황금시대는, 정체
성이 튼튼하게 지켜지고, 전통은 위협받지 않으며, 민족 국
가는 주권을 가지고 있고, 정부는 정당성을 누리며, 시민들
은 공적인 삶에 참여하고, 집은 잠기지 않은 채로 있으며, 사
람들은 안전한 장기적인 직업에 고용되어 전통적인 공동체
안에 정착하고 있던 과거의 어느 시점에 늘 놓이곤 한다. 공
유된 이해의 연결망은 누구나 자신의 위치를 알고 사람들이
자신에게서 무엇을 기대하는지를 알게 해준다. 황금시대라
는 구상은 아주 널리 퍼져 있지만 지극히 보수적이고 매우
허구적인 것이다. 그것은 반동적인 유토피아이다. 그것은 시
류를 과장하고 과거를 왜곡함으로써 변화에 대해 명료하게
사유하는 것을 방해한다.

　그런 황금시대의 상실은 보수주의적 담론을 구성하는 지속적인 주제들 중 하나이다. 황금시대와 비교해서 현재는 언제나 무질서와 혼돈과 사회적 붕괴라는 장면을 투영한다. 보수주의자는 특정한 형태의 권위가 얼마나 침식당했는지를 확인하고 그렇게 되도록 만든 과정과 요인들을 확인하는 데에 황금시대라는 고안물을 이용한다. 따라서 그것은 상황이 더 악화되지 않게 하려면 맞서 싸워야만 할 현재의 적들을 적시한 준비된 명단을 제공한다. 보수주의자들이 좋아하는 자기규정 중 하나는 자신들은 시계를 되돌리기 원한다는 것이며, 그들이 잘하는 불평들 중 하나는 보수적 정당과 정부들이 실제로는 시계를 단지 몇 초만이라도 되돌려 놓는 데에 실패하고 있다는 것이다. 그런데 보수주의자들은 정말로 시계를 되돌려 놓을 수 있다고 믿는 것일까? 그들은 정말로 자신들이 상상하는 황금시대가 어떻게든 복원될 수 있다고 믿는 것일까?

　보수주의자들이 풀어야 할 곤란한 문제들 중 하나는 확정적인 황금시대란 없고 또 있을 수도 없으며, 따라서 그들이 채택한 황금시대가 시간적으로 현재에 상당히 근접하게 되곤 한다는 점이다. 황금시대가 때로는 유럽의 중세 정도로 멀찌감치 물러나 설정되기도 한다. 그러나 그런 사례들은 신비로움을 얻을지는 몰라도 현재에 대한 그 실제적인 의의는 급격하게 줄어든다. 반면에 아주 최근으로 설정된 황금시대는 태생적인 결함을 안고 있다. 왜냐하면 그것을 검토해 보

자마자 그 겉치장이 곧 닳아 없어져 버리기 때문이다. 지금
그 후손들이 현재에 대해서 늘어놓는 많은 불평들은 그 당시
한 무리의 보수주의자들이 이 "황금시대"에 대해서 항상 늘
어놓던 것과 똑같은 것이다. 이는 별로 놀랄만한 일이 아니
다. 근대화는 연속적인 과정이었고, 따라서 근대화가 진행되
는 과정 중의 그 어느 특정 시점에서도 이를 비방하고 권위
의 쇠퇴와 정체성 및 의미의 상실을 지적하는 보수주의자는
늘 발견되기 마련인 것이다.

비전통적 사회

그러므로 근대는 황금시대와 그 상실에 대한 보수주의자들
의 탄식으로 어수선해지곤 한다. 이런 점에서는 현재도 다를
바가 없다. 그러나 보수주의자건 보수주의자가 아니건 대다
수 사람들은 보수주의자가 이제 질적으로 새로운 상황, 즉
전통 일체의 붕괴와 아울러 인류 역사상 최초로 비非전통적
사회의 출현이라는 상황에 직면하게 되었다고 생각한다. 비
전통적 사회는 전통이 없는 사회와 같은 것이 아니다. 전통
이 없는 사회는 아예 존재할 수도 없을 것이기 때문이다. 과
거로부터 무반성적으로 전승된 관습이나 행동 양식이나 사
회적 규범과 제도가 어느 정도는 항상 존재하기 마련이다.

자신을 하나하나 모조리 부단하게 개조하는 사회란 실로 우리의 현재 경험과는 사뭇 다를 것이다.

따라서 흥미를 끄는 질문은 전통을 전혀 필요로 하지 않는 사회가 등장할 수 있을 것인가가 아니라, 변화와 근대화가 정체성과 역할과 기대의 형성에 지배적인 힘이 되는 지점에 이를 정도로 한 사회에서 전통이 담당하는 역할이 축소될 수 있을 것인가 하는 것이다. 이와 같은 일이 실제로 벌어지고 있다고 믿을 만한 복합적인 근거가 있다. 바로 그 시초부터 항상 매우 비전통적인 방식으로 조직화되는 사회 영역들이 존재해 왔다는 사실을 근대성이 지닌 변별적 특징들 중 하나로 쉽게 지적할 수 있기 때문이다. 시장 경제의 특정한 양상들이 이런 점에서 두드러진다. 시장 관계가 다른 사회적 관계들로부터 점점 더 분리되고 이윤을 추구할 때 합리적 기술을 최대한 적용하도록 조장하는 것은 모든 사회 영역들 중에서 이 영역을 가장 역동적이고 전복적이고 현대적이고 혁신적이며 또한 가장 자유로운 영역으로 만든다. 그런데 이는 정치나 문화를 포함한 다른 영역에서도 특정한 때 특정한 경우에는 마찬가지로 목격되는 현상이다.

특수한 부문에만 관련되었던 이런 근대성의 특징이 사회 전체로 일반화되었고, 이전 세대로서는 상상조차 할 수 없는 방식으로 개인들을 해방시켰을 뿐만 아니라 동시에 그들을 위험스럽게 표류하도록 방치하고 그 어느 때보다도 더 큰 불안전성과 불확실성 속에 놓아둔다는 것은 새로운 주장이다.

가치 다원론은 이런 비전통적 사회가 지닌 주된 특성이다. 이는 비전통적 사회가 아무 가치도 추구하지 않는다는 말이 아니다. 그보다는 오히려 비전통적 사회가 가치의 과잉 속에 있으며, 그런 가치들 사이에서 선택하거나 우선성을 확립하는 데에 손쉬운 수단을 갖고 있지 않다는 말이다. 우리가 어떻게 살아야 하는지에 대한 권위 있는 설명은 더 이상 존재하지 않는다. 예전의 권위적 설명이 여전히 남아 있기는 하지만 갈수록 점점 더 많은 사람들에게 유효성을 잃고 있다. 보수주의자들이 보기에 이는 개인을 표류하도록 내던지는 상황이다. 물론 여전히 많은 사람들이 궁극적으로는 무거운 도덕적 책무를 선택한다. 그러나 보수주의자에게 문제가 되는 것은 개인이 자동적으로 어느 한 가지 도덕적 생활 방식으로 사회화되기보다는 자신의 도덕적 생활 방식을 비로소 선택해야만 한다는 데에 있다. 만일 도덕적 근본주의와 사회 전통이 여러 가지 선택지들 중 하나에 불과하다면 대부분의 사람들이 그것에 동의해야만 할 이유는 없다. 여하튼 보수주의자가 사회란 이러이러해야 한다고 믿는 바에 따라 그 사회를 순응시키기 위해서는 대다수의 시민들이 도덕적 근본주의와 사회 전통을 선택해야만 한다는 것이 전통과 권위에 대한 보수주의적 이해이다.

어떤 특정한 종류의 선택은 개인의 정체성과 권위를 부식시킨다고 진정한 보수주의자들은 믿는다. 그들은 정치적 논쟁이 벌어져서는 안 될, 따라서 근대화와 합리화와 사회

공학이 들어서서는 안 될 여러 출입 금지 구역들을 요구한다. 보수주의자는 그것이 민족 정체성의 주춧돌이기 때문에 타협하고 양보하기에는 너무도 중요한 문제들이 있다고 신성하게 믿는다. 반면에 비전통적 사회는 선택을 찬양하고 일체를 아우르는 원리로까지 드높인다. 비전통적 사회는 개인의 능력을 북돋우고 개인으로 하여금 자신을 신뢰하고 자기 운명의 통제자가 되도록 만듦으로써 전통을 최소한으로 축소시키고자 한다. 비전통적 사회가 전통에 대항하는 만큼이나 그것은 또한 전통 사회가 그 대다수 구성원에게 지시하는 그런 종류의 운명에 대항한다. 비전통적 사회는 개인을 해방시켜 자신이 원하는 모습의 삶을 스스로 선택하고, 또 그런 삶을 영위하는 데에 필요한 종류의 능숙함을 얻도록 도와주기 원한다.

이로부터 나오는 한 가지 결론은 근대화의 원리가 이제 사회와 국가의 모든 영역, 특히 — 아마 이 점이 가장 중요할 텐데 — 문화의 영역에 침투했다는 점이다. 고급문화와 대중문화 사이의 경계가 허물어지고, 대학이 대량 문화에 대한 비판의 거점이라는 관념이 쇠퇴하는 등, 간략히 말해 문화 속에서 모든 전통적 형태의 권위에 대한 거부는 특히 가치 상대주의라든가 문화의 경박화라든가 즉각적인 것과 자기만족에 대한 강조 같은, 보수주의자들이 보기에 가장 위협적인 현 사회의 몇몇 특징들을 발생시키는 데에 일조했다. 이런 추세는 문화에서 포스트모더니즘이라고 일컬어지는 것의 핵

심을 이룬다. 그러나 다른 분야에서도 그러하듯이 여기서도
탈근대성은 근대성에 대한 대안적 원리가 아니라 오히려 근
대성의 고양된 형태들을 보여 준다고 많은 이들이 지적한다.
특히 문화 영역에서 탈근대성은 바로 전형적인 근대적 과정
의 승리를 보여 준다.

전통적 형태의 권위를 약화시키고 파괴하는 데에 일조한
힘들 대부분이 실은 "보수적인" 힘이었다는 점이 현시대의
정치가 안고 있는 역설이다. 이는 신자유주의의 담론을 ─
때로는 더욱 기상천외하게도 심지어 자유 지상주의liber-
tarianism의 언어를 ─ 국가 제도와 민족 문화의 신성함에 대
한 보수주의의 보다 통상적인 강조와 결합시키려고 애쓰는
작금의 보수주의가 앓고 있는 정신분열증에 기인한다. 지난
수십 년 동안 보수주의자들이 갈수록 강하게 직면하게 된 어
려움은 자유 선택에 관한 자유 지상주의적 주장은 물론이려
니와 신자유주의적 주장조차 그것을 경제적 영역에 제한하
는 것이 불가능하다는 점이다. 선진 자본주의 경제에서 소비
와 여가가 차지하는 비중이 갈수록 높아지고 있는 것은 그런
경제적 선택에 관한 주장 일체를 아주 손쉽게 또한 문화적
선택에 관한 주장으로 전화시킨다. 이런 상황에서 모든 제도
와 분야를 시장 경쟁의 힘에 종속시키려는 압력이 강화된다.
대중 매체, 교육, 건강, 국방, 치안, 교도소 등이 이에 해당하
는데, 그 명단은 더욱 늘어나고 있는 중이다. 상점의 영업일
과 영업시간, 술과 마약의 구입 가능성, 외설물에 대한 접근,

학교와 보건의 민영화, 요구에 따른 임신 중절 등 이 모든 문제가 비전통적 사회에서는 개인이 어떤 권위의 개입 없이 스스로 결정해야만 하는 논제가 된다는 것이다.

시장을 받아들이면서 보수주의자들은 비전통적 사회의 가장 중요한 부분, 즉 사회의 여타 부분들을 움직이는 조종 기제도 함께 받아들이게 된다. 여러 국가에서 근대화의 물결에 맞서 왔던 제도들, 특히 공적 영역에서 그런 제도들의 방어를 허무는 데에는 우파 정당들이 중심 역할을 담당하며 일조했다. 그렇게 된 까닭은 신자유주의적 담론이 권위 자체와 권위에 호소하는 것에 대해 깊은 의구심을 갖고 있다는 데에 있다. 권위에 호소하는 것은 시장 질서 속에서 개인의 자유로운 선택에 국가의 개입과 제약을 강요하는 암호로 간주되기 때문이다. "권위"는 "시장"에 대립된다. 전자는 계획, 온정적 간섭주의paternalism, 개인에게 그 자신의 것이 아닌 선택을 부과하기 등을 함축한다. 따라서 권위를 약화시키는 것이 개인을 해방시키는 길이 된다. 20세기의 확대 국가에 대한 반대가 신자유주의자들로 하여금 시장의 근대화 과정을 국가 제도 자체에까지 확대할 것을 제안하도록 유도한다. 그것이 가져온 결과에 대해서는 다음 장에서 탐구할 것이다.

보수주의자들이 안고 있는 과제는 그들 자신과 그 협력자들의 많은 공헌 덕택에 풀려난 요술 괴물을 어떻게 하면 다시 병 속으로 집어넣을 수 있을 것인가 하는 것이다. 범죄의 증가에서부터 에이즈에 이르기까지 지난 수십 년 동안의 모든 유해한 경향들 대부분이 권위에 대항한 1960년대의 문화적 반란으로 소급된다는 생각은 현대 사회에서 시장이 관리와 조직화의 최고 양식으로 추앙받도록 만드는 데에 기여하면서 담당했던 훨씬 더 큰 역할을 간과하는 것이다. 몇몇 나라에서는 오랫동안 시장에 대항한 균형추이자 전통의 실질적인 저장소의 역할을 해왔던 제도 질서들이 이미 해체되었으며, 그러한 진행 과정은 다른 나라들로 확산되고 있다. 이론의 여지없이 그것이 낳은 결과는 더 큰 개방성과 투명성, 현격하게 더 높아진 효율성, 확실히 더 치열해진 경쟁이다. 동시에 많은 형태의 전통적 권위가 약화되고 불신을 받게 되었다는 것도 부인할 수 없다. 내용을 조형하고 위계질서를 고정시키고 민족 문화의 범위를 확정하는 그런 강력한 공적 제도가 없을 때에는 기업과 소비자 간의 자유로운 상호작용이 그런 일들을 결정할 수 있는 길이 열린다. 보수주의자들이 그토록 개탄해 마지않는 이런 평준화 과정은 시장이 낳은 자연스러운 결과이다.

　보수주의자들은 전통적 형태의 권위가 대부분 부식된 것이 도덕적 혼란을 초래하는 결과를 가져왔다고 본다. 이에 대한 한 가지 대응이 도덕적 근본주의의 번창이다. 도덕적 상대주의와 불안전성이 커진 사회에서는 상당수의 개인들을 근본주의 운동으로 도피하게끔 만드는 강력한 유인이 존재한다. 많은 보수주의자들이 이런 운동을 후원하거나 그것에 협력했는데, 미국에서 각별히 그러했고 또한 여러 다른 나라,

특히 이슬람 세계에서도 그러했다. 일반적으로 근본주의자들은 그들의 종교 경전에 대한 특정한 독해를 토대로 허용주의와 문화적 다원주의의 파도를 되돌리고 민족의 삶에 단일한 정체성과 목표를 다시 확립할 새로운 권위주의적 도덕 질서를 부과하고자 애쓴다. 그들은 도덕적 합의가 파괴되었다는 점을 인정하면서도, 필요할 경우에는 무력을 써서라도 또하나의 도덕적 합의를 다시 도입하고자 한다.

스스로를 기꺼이 여타의 세계로부터 고립시킬 준비가 되어 있는 일부 이슬람 국가에서는 그와 같은 새로운 도덕 질서가 이미 수립되었고, 또 상당 기간 존속할 수도 있을 것이다. 마찬가지로 상당수 동아시아 국가들은 경제 성장을 지원하는 데에 꼭 필요한 근대화를 문화와 정치의 근대화와 분리시키기 바라면서 강력한 도덕적 권위주의를 급속한 경제 발전과 결합시키고자 모색했다. 이 지역에서는 여전히 전통 사회와 자본주의 경제를 서로 결합시키려는 시도가 활발하다. 그렇지만 자본주의의 중심부, 특히 미국에서는 그런 시도가 무망해 보인다. 여기서는 전통 사회가 쉽게 소생하기에는 너무도 많이 쇠퇴했다. 이런 상황에서 도덕적 근본주의는 소수로부터 어떻게 해서라도 집중적인 지지를 끌어내려고 하지만 다수의 합의를 형성해 낼 가망은 거의 없다. 그렇기 때문에 도덕적 근본주의가 핵심 가치로 여기는 것을 강도 높게 옹호하는 것은 오히려 그 사회에서 도덕적 합의를 파편화시키는 데에 기여하고, 또한 제안된 어떤 도덕적 입장이 정말로 전통적 의미에서 권위적일 수 있는 바로 그 의미를 훼손시키는 데에 기여한다.

안전성

비전통적 사회의 출현과 전통적 권위의 후퇴는, 근대성이 승리하여 사회 전반에 걸쳐 합리적 · 합법적 권위가 왕좌에 오르고, 과학이 숭배되어 종교가 과학에 의해 대체되는 것을 의미하는 듯이 보인다. 그러나 전통의 약화가 곧 다른 형태의 권위를 더 많이 수용하게 되었음을 의미하지는 않는다. 오히려 그것은 계몽주의 자체에서 유래한 권위 형태를 포함한 모든 형태의 권위가 침식되는 보다 일반적인 사태의 일부였다. 이런 의미에서 권위의 종말은 보다 보편적인 현상이 되었다.

모든 형태의 권위가 약해지게 된 한 가지 이유는 갈수록 늘어나는 현대 사회의 복합성에 있다. 이 복합성은 세계 시장 내에서 증대하는 네트워크로 인해 그리고 또한 새로운 기술 공학이 주는 충격이라든가 작업의 새로운 조직 방식이라든가 새로운 형태의 문화로 인해 발생한다. 이런 과정을 운영하기 위해 설립되었고 그 과정이 가속화되고 확대된 것에 대해 책임이 있는 기업이나 정부 기관 같은 합리적 · 합법적 제도들은 지난 두 세기 동안 그 이전에 존재했던 어느 인간 사회와도 현격하게 다른 세계를 창조했다. 그것은 행동의 지침이 되고 안전성과 정체성의 닻이었던 전통을 훨씬 가치가 덜한 것으로 만들었을 뿐만 아니라 합리적 · 합법적인 것이 내세우는 정당성 주장을 침식시켰다. 왜냐하면 그렇게 창조된 세계는 해방을 가져다주기는커녕 새로운 형태의 예속을 가져왔기 때문이다. 현대적 삶의 쇠창살은 세계 인류 중 소수에게는 여태까지 상상할 수 없었던 생활수준을 제공해 주었지만 동시에 경쟁과 불안전성과 위험을 증대시켰다.

우리 사회에서 증가하는 위험 수위에 대해 제기되는 주장들 중 일부는 과장된 것이며, 또다시 지금보다는 훨씬 덜 위험했던 과거 어느 때의 황금시대라는 신화적인 가정에 흔히 의존한다. 그렇게 된 이유는 부분적으로는 20세기의 복지 국가에 대한 특정한 견해에 놓여 있다. 즉, 20세기의 복지 국가는 실업, 질병, 고령, 무능력에서 오는 불안정성을 현저하게 감소시켜 주는 동시에 그 이하로는 아무도 살 수 없는 최저 수입을 제공해 줌으로써 빈곤이 미치는 영향을 축소시킨다는 것이다. 그러나 옛 형태의 불안전성이 되돌아오고, 새로운 형태의 불안전성이 등장했으며, 개인과 그 가족들이 직면하는 위험이 결과적으로는 증대되었다는 사실이 지난 20년간 초미의 관심사가 되었다.

보수주의자들은 흔히 불안전성이 고조되고 위험이 늘어나는 현재를 전혀 위험이 없거나 훨씬 덜 위험했던 가상적인 과거와 대비시킨다. 이를테면 범죄나 마약이나 새로운 질병 등에 관한 대중적인 논의들 대부분은 이런 것들이 아직 심각한 문제가 되지 않았던 황금시대가 있었다고 암시하는 경향이 있다. 이와 유사하게 1950년대와 1960년대는 경제적 성과라는 점에서, 특히 실업이나 인플레이션과 관련하여 황금시대로 다루어진다. 그러나 보다 장기적인 관점에서 보면 이 시기는 분명 유별난 것이며, 각별히 현명하고 효과적인 정책의 산물이라기보다는 특수한 상황의 산물이다. 현대 사회에서 위험과 불안전성이 증가했다기보다는 실은 위험과 불안전성이 가지고 있는 본성, 특히 그에 대한 지각이 변화한 것이다. 전통의 약화가 가져온 결과, 새로운 정보 원천의 획득 가능성, 모두를 연결시켜 주는 새로운 통신 형식 덕분에 가능해진 세계 전역에서 일어나는 사건들의 즉각성 등은 현대 사회로 하여금 특정한 종류의 위험을 더 한층 민감하게 의식하도록 만든다.

위험과 불안전성이 증가했다는 말은 단지 현대 사회의 합리적 · 합법적 제도들을 조직화하는 방식에 결함이 있으며, 마치 19세기의 자본주의가 안고 있던 문제점들에 대한 해결책을 발견했다고 주장했던 것과 마찬가지로, 적절한 개혁이 이 모든 문제들에 대한 해결 방안을 마련해 줄 수 있으리라는 것을 의미할 수도 있다. 다만 더 좋은 정책, 더 효과적인 실행, 결과에 대한 더 엄밀한 감시와 평가, 정부와 기업과 국민 사이의 더 긴밀한 의사소통이 요구될 뿐이라는 것이다.

하지만 문제가 더 심각한 것일 수도 있다. 현대 사회를 지배하는 관료주의적 구조 전반의 수행성에 대해 만연한 불안이라든가 지도층에 대한 신뢰의 결여라든가 경영자에 대해 그 권위를 심하게 부식시키는 냉소주의가 존재한다. 현대 사회가 상대하는 문제들의 복합성은 해결할 수 있는 범위를 넘어 있으며, 그렇기 때문에 편안한 메시지를 제공해 주고 공공 기관이 전달해 줄 수 있는 실체의 결핍으로부터 주의가 분산되도록 현대의 대중 매체에 의존하려는 유혹이 늘어난다. 정치와 관련하여 이런 상황이 가져온 한 가지 명백한 결과는 개성personality의 중요성이 커졌다는 점이다. 권위의 다른 원천들이 닳아 얇아진 세계에서는 잘 먹혀들어가는 개성이 점점 더 중요해진다. 국가와 기업의 정책을 정당화하는 주된 방법으로 카리스마나 아니면 최소한 그것의 현대적인 상업적 변형을 이용하는 현상이 갈수록 더욱 뚜렷해진다.

전통적 형태의 권위가 약화됨으로써 의미가 고갈된 세계, 개인들이 충성해야 할 필요성도 거의 느끼지 못하고 또한 그것에서 만족도 거의 얻지 못하는 기술적인 합법적 합리성의 쇠창살 속으로 들어가도록 점점 더 강요당하는 세계 속에서 어떻게 하면 개인이 안전과 정체성을 발견할 수 있을까라는 문제는 여러 다양한 관찰자들에 의해 확인되었다. 이런 추세가 사실이라면, 그 결과는 더욱더 불안정하고 유동적이며 경쟁적이고 불행한 인류가 될 것이다.

과학

이는 예상치 못했던 결과이다. 특히 과학은 처음부터 근대성의 커다란 희망이었다. 과학적 합리성은 오류와 미신을 점차 추방할 것이고 사회를 학습하는 사회, 즉 어떤 문제에 부딪히건 간에 시행착오를 거치면서 가장 유효한 해결책을 발견해 내는 사회로 만들어 줄 제도와 절차를 수립하리라는 것이었다. 공공선을 어떻게 평가할지 계산할 수 있게 해주는 정교한 방법들이 개발되었다. 이에 반해 어떤 이들은 시장 질서 속에서 선택과 상호 작용의 자유로운 흐름에 내맡긴 채 중앙 집중적 결정을 피하는 쪽을 택했다. 하지만 수단에 관한 이런 불일치에도 불구하고 과학적 합리성이 인간 사회로 하여금 진보를 이루고 더 부유하고 더 자유롭고 더 행복하며 보다 잘 교육받고 더 건강하게 될 수 있도록 만들 것이라는 점에 대해서는 폭넓은 동의가 있었다.

200년 전과 비교해 볼 때, 이런 지표들 모두에서는 아니라 할지라도 그 대부분에서, 적어도 부유한 서구 사회의 시민들의 입장에서는 괄목할 만한 개선이 이루어졌다는 사실을 부인하기 어렵다. 그러나 미래에 대한 그리고 인간 사회의 대처 능력에 대한 불안이 만연해 있다는 사실도 부정할 수 없다. 그런데 이와 같은 불안의 상당 부분은 과학 자체의 제도화에 기인한다. 과학은 단지 한 가지 특별한 형태의 지식이 아니라 사회적 사업이다. 과학 원리는 실험실의 연구팀이 채택하는 방법 속에 삽입되어 있을 뿐만 아니라 현대 경제와 현대 국가를 조직하는 형식 속에도 삽입되어 있다. 과학은 이 양자와 깊숙이 통합되었고, 그 결과 이러한 과정의 외부에 서서 그 전체를 바라보기가 매우 어렵게 되었다.

여기서 문제가 되는 점을 간단히 명시할 수 있다. 질병의 정복과 생활수준의 향상과 기회 제공을 이루어낸 바로 그 과정이 이제는 지구 생태계에 미치는 산업화 과정의 영향으로 인해 모든 것을 빼앗아 가려고 위협하는 그런 폭주하는 세계가 되었다는 생각이 그것이다. 1960년대 말에 로마 클럽 Club of Rome에서 처음으로 이런 공포의 목소리가 일부 나왔다. 이때 로마 클럽은 상승하는 자원 사용의 수준이 인구 팽창과 결합될 때에는 지속될 수 없다는 점을 지적했다. 이런 염려들 중 일부는 어떤 재생 불가능한 자원들이 아주 바닥날 것이라는 생각으로 대중화되었다. 그러나 이런 생각은 자원 개념과 그것을 이용하는 경제 환경을 서로 분리시킨다는 결함 때문에 거부되었다. 그런 생각에 대한 비판은, 어떤 자원의 매장량은 엄밀한 물리적 의미에서 유한한 것이 아니라 그 채굴 비용과 지불할 수 있는 가격 사이의 관계에 달려 있다고 주장한다.

유한한 자원의 감소라는 문제는 원칙적으로 상대 가격의 변동과 사용 유형의 조정으로 해결될 수도 있다. 그러나 생태론자들이 강조하는 두 번째 문제점은 훨씬 더 큰 걱정거리이다. 그것은 현재의 산업화 과정이 초래할지도 모르는 지구 생태계의 불가역적인 변화와 관련되어 있다. 그중에서도 두드러진 것이 지구 온난화와 생물 다양성의 위협이라는 문제이다. 이것도 여전히 지속 가능성에 관한 논제이긴 하지만 그 초점은 산업계에서 배출되는 폐기물을 처리하는 데 있어서의 어려움이라는 문제로 이동했다. 이 산업 폐기물들 대부분이 환경에 더욱 광범위한 영향을 미치고 있는 것이다.

지구 생태계에 불가역적인 손상을 끼치지 않는 방식으로 산업 폐기물을 처리하는 것은 절실한 정치적 문제이다. 그러나 필수불가결한 몇 가지 급진적인 해결 방안을 위해 필요한 지원이 충분히 동원될 수 있다면 이 문제 역시 원칙적으로 해결될 수 있다. 그렇지만 그 해결 방안은 현존하는 산업 사회라는 테두리 내에서 발견되어야 한다. 근대성의 거대한 엔진을 후진시켜서 인간 사회가 다시 한 번 자연 환경과 조화를 이루는 훨씬 더 단순한 조직 형태로 되돌아갈 수 있으리라는 희망은, 비록 일부는 그것을 바람직하다고 생각하겠지만, 어느 누구도 믿을 만하다고 생각하지는 않는다. 그와 같은 움직임이 일어나기 위해서는 한 사회 내에서 그리고 모든 사회에 걸쳐서 동의를 얻어야만 할 것이기 때문이다. 하지만 그 어느 것도 그럴 법 하지 않다. 이 점이 함축하는 바는 미래 세대를 위해 생태적 위험을 막아야만 한다면 과학과 기술 공학을 포기함으로써가 아니라 오히려 이를 강화시킴으로써 그 해결 방안을 찾아야 한다는 것이다. 문제를 야기한 현대 과학이 그 문제를 해결하는 데에 이바지해야 한다.

이런 해결은 원칙적으로 가능하다. 비록 이제까지 여러 기술 공학의 역사가 그것의 유해한 부작용이 인식되려면 상당한 시간이 걸린다는 사실을 보여 주기는 하지만 말이다. 멈춰서기 위해서는 달려야만 하고, 그 속력이 내내 가속되고 있다는 것이 현대 사회가 나아가는 궤적이 안고 있는 문제점이다. 그리고 과학 연구와 현대 기업 사이의 밀접한 결탁에 또 다른 난제가 놓여 있다. 20세기 동안 과학은 생산 과정에 편입되어 주요한 생산력이 되었다. 연구 실험실의 확산과 연구의 상업화는 새로운 기술 공학의 개발을 위한 막강한 동력을 만들어 냈지만 또한 새로운 생산품이 상업적 성과를 가져오는 데에 역점을 두도록 만들었다. 이는 규제하기 어려운 중대한 문제인데, 몇몇 주요 다국적 생명공학 기업의 연구 부서가 개발한 유전자 조작 식품의 예가 이를 충분히 명백하게 말해 준다. 유전자 조작 식품이라는 논제는 또한 현재 과학이 안고 있는 문제점을 예증한다. 현존하는 유전자 조작 식품의 안전성이 과학적으로 매우 강력하게 보증되고 있음에도 불구하고 많은 나라의 대중들은 안심하지 못하고 있다. 이와 같은 사례들에서 과학은 더 이상 충분한 권위를 갖지 못한다. 그보다 더 강한 보증이 필요하지만 그렇게 해줄 수 있는 것은 없다. 과학은 단지 개연성만을 다루고 입수 가능한 증거에 입각하여 잠정적인 판단만을 내릴 수 있을 뿐인데, 유전자 조작 식품에 내포되어 있는 논쟁거리는 이런 방식으로는 결코 해결될 수 없기 때문이다.

미래와 관련해 이보다 더 심각한 문제가 또 있는데, 이 문제는 기존 사회가 가지고 있는 가치 체계의 핵심에 타격을 가하기 때문에 해결하기가 더욱 쉽지 않은 것이다. 과학 지식의 가속화는 엄청난 딜레마를 초래할 것이다. 특히 복제 같은 유전 공학과 관련된 새로운 의학 기술 공학이 지니고 있는 잠재력은 운명에 관한 전통적 관념 전체에 대해 의미심장한 함의를 갖고 있다. 각 개인의 유전 형질은 인간이 통제할 수 있는 범위 바깥에 있으며, 사람이 타고나는 바는 바꿀 수 없는 얼마만큼의 운으로 여겨지고, 그것을 가지고 우리가 우리 삶을 살아갈 수밖에 없는 기본 조건을 제공한다고 하는 인간 존재에 대한 한 가지 핵심 관념에 의학 기술 공학은 잠재적으로 타격을 준다. 만일 새로운 유전학이 개인의 수명·유전적 성격·능력·행동에 극단적인 변화를 초래하면서 우리가 타고난 유전 형질을 고르거나 바꾸는 일에 개입할 수 있다는 것을 의미한다면, 그런 가능성은 인간의 경험을 변화시키고 인간 본성에 대한 우리의 이해를 바꿀 것이므로 기존의 우리 사회와 그 도덕은 가장 혹독한 의문에 직면하게 될 것이다. 현재로서는 이런 논제들이 아직 완화된 형태로 제기되었을 뿐이다. 하지만 그 잠재력은 감지되었으며, 임신 중절이나 피임에 관한 논의는 새로운 의학 기술 공학이 어떤 식으로 논쟁에 휩싸일 수 있는지를 보여 준다. 몇 가지 차세대 의학 기술 공학이 이용 가능한 상태가 되었을 때에는 논쟁이 몇 배로 증폭될 것이다. 그것은 "언제냐"의 문제로 이미 존재하고 있다. 설사 어느 한 나라가 모든 연구를 특정 지역으로 봉쇄하려고 시도한다 할지라도, 과학 사업이 전 세계에 걸쳐 그토록 많은 센터들로 분산되어 있기 때문에 그 연구가 다른 어느 곳에선가 진행될 것이고, 그 지식이 어느 단계에 이르면 이용 가능하게 되리라는 것은 확실하다. 그런 지식이 일단 이용 가능하게 되면, 개방된 정치 체제에서 그 지식에 대한 접근을 거부하기란 매우 어려운 일이 될 것이다. 하지만 일단 접근이 허락되고 나면, 그 사회는 영구히 변화될 것이다. 이제 발생하게 될 여러 새로운 기대와 요구와 갈등은 기존의 어느 정치 체제로서도 다루기가 극히 어려울 것이다. 그런데 만일 정치가 이 문제들을 다룰 수 없다면, 그 무엇도 그것을 다룰 수 없을 것이다.

5. 공적 영역의 종말

운명론의 마지막 사례는 공적 영역의 종말을 선언하는 것이다. 이렇게 함으로써 그것은 정확하게 정치의 핵심에 타격을 가한다. 만일 공적 영역, 공적 이해 관심, 시민 참여, 공적 여론, 공공 기관 등이 없다면, 정치적인 것이 지닌 주된 차원들중 하나가 사라질 것이기 때문이다. 다양한 양상을 지닌 공적 영역이 21세기를 시작하는 시점에 이미 어느 정도 곤경에 처하게 되었다. 그리고 공적 영역은 빈사 상태에 있다고 선언하면서 공적인 것에 대한 낡은 생각들이 설 자리를 잃게되는 새 시대의 도래를 환영하는 저자들도 많다. 그러나 그토록 많은 종말론에 관한 저술들에도 불구하고 그 논쟁은 다시금 과도한 축소에 시달리고 있다. 그 분석에는 역사적 깊이가 거의 없고, 물론 중요하고 흥미로운 추세임은 부인할

수 없지만 그것을 정치는 사망했으며 회복이 불가능하다는
일괄적인 판단으로 침소봉대하는 경향이 있다.

통치의 종말

이와 같은 저술들의 가장 완고한 형태 중 하나는 통치의 종
말에 관한 억측을 담고 있다. 통치의 종말에 대한 꿈이 새로
운 것은 아니다. 그것은 오랫동안 서구의 정치적 상상을 이
루는 한 부분이었으며, 칼 마르크스를 포함하여 수많은 정치
사상가들이 국가의 소멸을 고대했다. 그러나 마르크스가 계
급 없는 사회에서도 행정 업무는 여전히 수행되어야 하며 따
라서 어떤 형태로든 통치가 필요할 것이라는 점을 인정했던
반면에, 현시대의 여러 보고서들은 심지어 통치의 퇴출까지
도 예견한다. 우리는 이런 저술들 중 가장 영향력 있는 형태
를 자유 지상주의에서 그리고 신자유주의의 여러 갈래에서
찾아볼 수 있다. 비록 신자유주의자들이 최소 국가의 필요성
을 받아들이기는 하지만 이는 마지못한 수용일 뿐이며, 이
세계를 괴롭히는 대부분의 악이 비롯되는 통치와 정치로부
터 세계를 자유롭게 만들 수 있을 것이라는 바람이 이들 저
서의 주조를 이룬다.

통치가 사라지리라는 것을 입증해 줄 무슨 증거가 있는

가? 민족 국가가 소멸해 감에 따라서 작금의 정황에 대한 통상적인 이해는 오히려 반대 방향을 가리키는 것 같다. 통치 활동이 줄어들기보다는 증가하고 있는 것으로 나타나는 것이다. 그 반대 사례는 전 세계에 걸쳐 통치가 조직되는 방식에서 나타나는 일정한 주요 경향들을 강조하는 데에서 기인한다. 그런 경향이란 공적 자산의 민영화를 통한 공공 부문의 축소라든가, 사적 부문의 규제 철폐라든가, 조세를 감면하고 복지 확장을 위한 국채를 감축하려는 추세 등을 말한다. 그러나 지금까지 가장 급진적인 통치라 할지라도 국가의 증대를 기껏해야 정지시켰을 뿐이지 역진시키는 데에 성공한 적이 아직 없다는 점은 일반적으로 수긍되고 있다. 그보다 좀 더 핵심적인 논변은 아마도 "신新 공공 경영new public management"이라는 교설을 채택함으로써 국가가 "공동화空洞化"되었다는 생각일 것이다. 그런 교설에는 정책 실행과 정책 자문을 분리시키고 정책 실행을 공공 기관이나 민·관 협력사나 민영 회사를 통해 조직화한다거나, 내수 시장을 부양한다거나, 용역을 외주外注하고 더 큰 효율성을 촉진시키기 위해 경쟁을 이용할 태세가 되어 있는 것 등이 있다. 신 공공 경영의 채택이 공공 행정에서 중요한 발전이긴 하지만, 그것이 통치의 종말로 이끌 것인지는 매우 의심스럽다. 그것은 또 다른 수단에 의한 통치일 뿐이다.

세계화와 정보 혁명을 논하는 저술들 중 일부는 새로운 세계 시장의 주도적인 부문에서 나타나는 발전 속도가 20세기의 확대 국가가 기초해 있던 토대 전체를 밑에서부터 잘라 버리고 있다는 논변을 전개한다. 민족 국가는 더 이상 경제를 조종하는 데에 적합한 터전이 아니며, 경제 활동을 규제하고 과세課稅할 수 있는 능력을 상실하고 있다는 것이다. 재정 기반의 감소와 더불어 국가는 자신의 우선순위와 프로그램을 계속 재평가하고 훨씬 축소된 역할을 받아들일 수밖에 없게 될 것이다.

초세계화론자들에 의해 대중화된 이런 각본의 신자유주의적 변형에서는 이 변화의 과정이 자기 규제적인 세계 시장 자체에 의해서 추동된다. 달갑지 않은 국가의 보호 감독을 시장 질서가 떨쳐 버린다면, 이로써 우리는 이미 일정 지점에 도달한 것이다. 시장이 필요로 하는 조종 기능은 시장 자체에 의해 모두 제공된다. 특정한 서비스에 대한 수요가 있다면, 그 부족량은 시장에서 제공되는 서비스와 기업가에 의해 채워질 것이다. 만일 서비스가 제공되지 않는다면, 이는 그것에 대한 수요가 없다는 점을 지시하는 것으로 보인다. 이런 관점에서 세계 시장의 폭넓은 규제 철폐는 시장 행위자들로 하여금 그들이 필요로 하는 자기 규제가 어떤 형태인지를 스스로 결정할 수 있도록 허용할 것이다. 많은 자유 지상주의자들은 여기서 한 걸음 더 나아간다. 그들은 화폐 발행에서 국가가 독점권을 가져야 할 필요성에 대해 의문을 제기하면서 중앙은행을 폐지하고 국제통화기금이나 세계은행 같은 개입주의적인 초민족적 기관들도 폐지하려고 한다. 세계

시장을 최대한 발전하도록 놓아둔다면 통치는 불필요한 과
잉이 될 것이다.

관리

국가와 통치에 관한 다른 담론들에서처럼 지금의 담론에서
도 과거에 권력을 집중화하고 자신의 관할권 내에서 모든 것
에 통제를 가하려는 통치의 시도는 결국 진취적이고 창의적
인 정신을 질식시키는 것으로 간주된다. 이런 견지에서 국가
혼자서는 경제를 적절하게 조절하지 못한다. 국가는 너무 경
직되고 완고하다. 통치가 제공할 수 있는 것보다 훨씬 더 다
변화된 관리 유형을 도입할 필요가 있다. 통치government에
서 관리governance로의 이행은 정치를 다루는 최근의 저술
들에서 핵심적인 서사들 중 하나가 되었다. "관리"라는 용어
는 사회를 다스리는 조종 기제의 범위를 지시하기 위해 부활
했다. 통치는 그런 기제들 중 하나이며, 어떻게 보든지 가장
중요한 기제로 남을 테지만 결코 유일한 기제는 아니다. 통
치가 취하는 관리 양식은 의무의 명확한 세분화 그리고 명령
과 책임의 사슬을 지닌 위계질서적 조직이 되는 경향이 있
다. 시장이나 네트워크 같은 다른 관리 유형들은 다른 수단
으로 행위를 조율하고 조종한다.

관리는 사회를 다스리는 방식에 포함되어 있지만 국가와 주권 개념에 집중했을 때에는 간과되었던 일정한 요소를 일깨워 준다. 이 점이 관리의 관점에서는 소중하다. 주권에 관한 베스트팔렌 조약의 모델도 마치 권력과 권능의 유일한 원천은 국가라는 식으로 너무 절대주의적으로 해석하면 오도되기 마련이다. 19세기에 사회 과학과 정치사상에서 유력한 추세들은 국가의 역할을 가볍게 여기려는 경향이 있었으며, 국가의 역할 대신에 사회를 개조시키는 힘에 주목했다. 마르크스주의에서건 자유주의에서건 정치와 국가는 흔히 상부 구조라는 지위, 즉 근대 세계를 조형하는 힘들의 결정 인자라기보다는 그것의 반영이라는 지위로 격하된다.

관리는 사회를 다스리고 사회적 상호 작용의 안정적인 유형이 확립되는 복잡한 방식에 주의를 환기시킨다. 관리는 정부나 통합된 관료 제도의 매개 없이 개인들을 연결시키는 일체의 비국가적 네트워크와 시장에 각별히 초점을 맞춘다. 하지만 이는 통치가 사라질 수 있으리라는 묵시록적인 주장과 거리가 멀다. 자세히 검토해 보면, 이런 주장들 대부분이 성립하지 않는다. 이런 주장들이 민족 정부와 정부 일반을 구분하는 데에 오류를 범하는 경우도 종종 있다. 민족의 수준에서는 최근 수십 년 동안 민족 정부가 수행해 왔던 일정한 국가 기능들이 초민족적 단체나 권한을 위임받은 단체에 이양되었다는 것이 사실이다. 다층적 관리multi-level governance가 복합적인 유형을 지니고 있다는 것은 명백하

다. 이는 서로 다른 다스림의 기능들이 서로 다른 층위에 배
분되는 유럽연합에서 특히 그러하다. 보조補助의 원리는 가능
한 한 가장 탈중심화된 층위에서 각각의 기능이 수행되는 것
을 요구한다.

　　다층적 관리가 통치의 규모를 축소시키는 것이 불가피하
다는 것을 의미하지는 않는다. 실제로, 유럽연합 내에서 민족
주권은 줄어들지 않는다는 생각을 옹호하는 많은 이들이 다
층적 관리의 증대를 통치가 지닌 단층들의 추가 그리고 통치
에 의한 다스림의 규모 증가로 본다. 그들은 각 민족이 자신
에게 부과하고자 하는 규제의 부담을 스스로 결정할 수 있도
록 민족이 자치적으로 유지되는 것을 지지한다. 그러나 다층
적 관리의 옹호자들은 민족 경제들 사이의 증대하는 상호 의
존성과 공통된 일단의 규칙들 아래에서 작동하는 좀 더 단일
화된 경제 공간의 창출이 가져오는 장점을 지적한다. 그런
규칙들의 채택은 근대의 개입주의적 민족 국가에서 규제적
국가regulatory state로 넘어가는 보다 일반적인 이동의 일부
로 간주된다. 이 규제적 국가가 수행하는 대부분의 기능들은
유럽연합의 경우처럼 지역적이건 세계무역기구WTO의 경
우처럼 세계적이건 간에 초민족적 층위에서 실행된다. 이런
개입주의적 국가에서 규제적 국가로의 이동은 정부의 종말
을 미리 알려 주는 전조가 아니다. 그것은 심지어 통치의 증
대를 의미할 수도 있다. 그렇다고 꼭 민족 수준에서 통치의
증대를 의미하지는 않지만 말이다.

이런 변화가 여전히 민족 정부로부터 권력이 유출되고 있으며 국가가 예전에 지녔던 중요성을 상당 부분 상실하고 있음을 함의한다고 파악할 수도 있다. 민족 국가는 자신의 목표를 성취할 역량을 결여한 허약한 국가가 되었다는 것이다. 그런 역량들 대부분이 다른 곳으로 이양되었기 때문이다. 그러나 그런 걱정도 자세히 검토하면 이상해 보인다. 자신의 목표를 성취할 수 있는 역량을 계발하는 미래의 강력한 국가는 아마 다른 국가들과의 협력을 성공적으로 발전시키는 국가일 것이다. 이는 점점 더 국가가 지녀야 할 가장 중요한 역량들 중 하나가 되고 있다. 국가가 자신을 다른 국가들로부터 고립시킴으로써 국력을 신장시킬 수 있으리라는 생각은 기이하다. 그것은 민족 경제 정책을 세계 시장의 요구에 종속시키는 능력을 국력의 척도로 보는 신자유주의적 담론에서만 이해가 된다.

대중적인 유추에 따르면, 간소한 기업이 간소한 국가의 역할 모델이 되어야 한다. 기업이 부차적인 일들을 털어 버리고 핵심 사업에 집중하는 것을 배운 것과 마찬가지로 국가도 그렇게 할 필요가 있다는 것이다. 그러나 국가의 핵심 업무가 무엇인지를 결정하는 일은 기업의 핵심 업무를 결정하는 것보다 훨씬 더 어렵다. 이는 부분적으로는 국가가 실로 매우 다양한 역할들을 수행하기 때문이기도 하지만, 또한 국가의 핵심 업무가 무엇이어야 하는가라는 문제가 바로 수세기 동안 정치적 논쟁의 핵심에 놓여 있었기 때문이다. 실제로는 어느 누구도 비대해진 국가를 선호하지 않는다. 다만 국가의 핵심 기능이 무엇이고 또 무엇이어야 하는지에 대해 서로 다른 설명들이 있을 뿐이다. 통치를 관리라는 맥락에서 이해하는 것은 다음과 같은 점을 인정하는 것을 의미한다. 즉, 통치가 사용하는 여러 도구들은 관리의 한 가지 특정한 양식에 속하는 것이고, 사회를 조정하고 조종하는 데에 다른 방식들이 있을 수 있으며, 그것이 통치가 어떤 목표를 추구 하건 간에 이를 성취하는 데에 어쩌면 더 우월할 수도 있다 는 점을 인정하는 것이다. 중요한 점은 시장을 포함하여 모 든 관리 양식이 정치적 정당화와 지원을 필요로 하기 때문에 관리의 여러 다양한 양식들 사이에 균형을 이루는 일이 정치 의 핵심 논제라는 것이다.

공과 사

이 단순한 항목은 국가를 기술하고 또 그것이 사회의 여타 부분과 맺는 관계를 기술하는 데에 우리의 통용 언어가 지닌 빈곤성을 반영한다. 국가를 논하는 가장 일반적인 방식들 중 하나는 공적인 부문과 사적인 부문의 경계와 관련된다. 이는 그 두 부문 사이에 제로섬zero-sum 관계가 성립하며, 따라서 국가가 팽창하면 공적 부문이 증가하고 사적 부문은 위축된

다는 것을 암시한다. 이것은 특정 정치인들이 무척 원하듯이
국가를 예전 상태로 되돌려놓아야 한다는 익숙한 말로 이끈
다. 마치 국가가 뒤덮고 있는 모든 것을 질식시키는 거대한
양탄자라도 되는 것처럼 말이다. 국가는 부담이자 짐이라는
이런 생각은 국가를 경험하는 한 가지 방식을 반영하기는 하
지만 다른 경험 방식들은 무시한다. 국가는 때로는 정부와
동일시되기도 하고 또 공적인 것과 동일시되기도 한다. 그렇
지만 정부는 기껏해야 국가의 한 부분, 공적으로 협정된 정
책들을 전달하기 위한 한 가지 특정한 조직적 수단일 뿐이
다.

　　이와 마찬가지로 공적 영역은 정부보다 훨씬 더 넓은 범
주이다. 공적 영역과 공적 활동이 어떻게 규정되는지는 어떤
정치 체제에서건 중대한 논쟁거리이다. 현시대에는 공적 영
역이라는 관념을 그것과 너무 오랫동안 동일시되어 왔던 공
적 부문이라는 훨씬 제한된 개념으로부터 떼어 놓는 일이 필
요하다. 공과 사의 구분이 공적 영역의 본성을 이해하는 데
에 결정적인 것으로 남을 테지만, 정확하게 이해하자면 공적
영역을 정부라든가 또는 정부가 직접 통제하는 것과 혼동해
서는 안 된다. 공적 영역은 공중의 사안과 공중의 문제들에
관한 논의의 영역이며, 이 영역에는 "공적" 행위자나 "사적"
행위자 모두 똑같이 참여한다.

시민 참여의 종말

통치의 종말 이상으로 또한 공적 영역에서 시민 참여의 종말에 관해서도 많은 억측들이 있다. 당원의 수나 투표나 공공 집회 같은 데에서 반영되는 것처럼 시민들 사이에 공적 사안에 대한 참여의 쇠퇴는 시민 사회에서 시민들이 자발적으로 협회에 가입하는 것에서 관찰되는 보다 일반적인 쇠퇴와 마찬가지로 가장 흔히 지적되는 추세이다. 시민 참여와 공공 의식이 뚜렷하게 감소했다는 생각은 일정한 공적 공간과 공적 활동이 위협받고 있다는 점을 감지할 수 있는 현대 사회에 대한 보다 광범위한 비판의 일부이다. 사적 쾌락의 추구가 모든 것에 침투한다고 간주되고, 그로 인해 개인이 정치 체제를 일정한 의미에서 자기 자신의 정치 체제로 받아들이게 되는 모든 의미가 지속적으로 훼손되고 있다는 것이다. 정치 체제를 공화정, 즉 공적 관심사이자 공적 행위와 공적 발언이 이루어지는 공간인 공화정res publica으로 이해하는 것을 대중 선거와 복합 사회라는 상황에서 보존하기란 늘 힘들었지만, 그나마 보존되었던 그 자그마한 부분조차도 이제 위협받고 있는 것으로 보인다.

현대의 대중 정치와 새로운 매체가 수행하는 역할이라는 상황이 이와 같은 상태를 야기한 한 가지 원인으로 여겨진다. 대중적 민주 정치의 특성을 이해하고 정치인들이 이에 부합하게 행위하기 시작하는 데에는 어느 정도 시간이 걸리며, 따라서 상당 기간 동안 많은 정치인들이 여전히 그들의 임무는 대중 정당이나 대중 집회 같은 조직적인 수단을 통한 정치 교육과 정치 지도라고 믿었다. 유권자 대다수가 전혀 정당 활동을 하지 않게 되고 진지한 정치적 지식을 획득하는 데에 전혀 노력을 기울이지 않게 되리라는 점은 차츰차츰 뚜렷해졌을 뿐이다. 정치 지도부가 자신의 정당과 단절하고 대중 매체, 특히 텔레비전을 통해 유권자에게 직접 호소할 수 있는 능력은 거역할 수 없는 것으로 입증되었다. 이는 다른 분야에서 개발된 모든 마케팅 기술을 후보와 그 정당이 선출되도록 만드는 데에 차용할 수 있으며, 선거 정치가 논변들의 싸움보다는 이미지와 소리 정보들의 싸움이 될 수 있음을 의미했다. 정치인들은 어떻게 하면 자신이 얻는 표를 극대화시킬 수 있는가라는 주요 문제에 초점을 맞추게 되었다. 이는 그들의 메시지와 태도가 선거에서 가장 많은 비중을 차지하는 유권자들에 맞추어 완벽하게 조정되도록 보장하는 것을 의미한다. 이처럼 전문적인 기술을 선거 운동에 적용한 최근의 예가 초점 그룹인데, 이제는 모든 정당이 자신의 메시지를 내보이는 방법을 향상시키기 위해 이 기술을 사용하고 있다.

그 비판자들이 주장하는 바에 따르면, 이 대중 매체 정치는 실체보다는 전시展示에, 논제보다는 인물의 개성에 집중하도록 만드는 결과를 가져온다. 선거 정치는 하나의 구경거리,

즉 간헐적으로는 유권자들의 주의를 끌기도 하지만 그보다 더 깊은 의미는 지니지 않는 정당 지도자들 사이의 검투사식 전투가 된다. 정치적 논쟁이 협소해짐에 따라 모든 정당들은 요충지를 정해서 이를 차지하려고 애쓰게 된다. 그리하여 그 성과에 대한 관심은 흔히 사라져 버리고, 도대체 투표가 자신들에게 무슨 차이를 가져오는지 알 수 없기에 더욱 소수의 사람들만이 투표에 마음을 쓰고 또 더욱 소수의 사람들만이 투표 행위를 자신의 정체성을 나타내는 중요한 표현으로 간주하게 된다. 바로 이 두 가지 점 때문에 투표자의 수가 하락하고 있다. 이런 과정이 미국에서 가장 많이 진척되기는 했지만 그 추세는 유럽에서도 가시화되고 있다. 마찬가지로 이런 과정은 정당의 활동적인 당원이었던 사람들 대다수에게도 깊은 실망을 준다. 정당에서 의사 결정을 하는 데에 그들의 역할이 훨씬 줄어들었기 때문이다. 예비 선거가 되었건 직접 선거가 되었건 지도자를 선택할 때의 투표는 평당원들이 보다 큰 발언권을 행사하는 마당이다. 그런데 당원들 모두로부터 정책 결정권이 대부분 박탈된 것이다. 평당원들의 의견을 듣기는 하지만 그들은 더 이상 정책을 변화시킬 기회를 얻지 못한다.

이러한 추세는 공적 영역에 대한 더 일반적인 위협에 의해 강화된다. 공영 방송은 그것이 존재하는 어디에서나 공격을 받고 있으며, 디지털 시대에 대중 매체를 위해 열려진 새로운 기술 공학적 가능성들의 폭발과 더불어 공공 방송이 누

리는 특권을 폐지하려는 압력이 증가하고 있다. 그래서 정치
에 관한 심층 보도와 논평이 차지하는 지분이 위협받게 된
다. 그렇지만 그런 프로그램들의 감축은 시청률을 근거로 하
여 쉽게 정당화될 수 있다. 이와 마찬가지로 주간지와 계간
지가 살아남기 위해 투쟁하는 동안 "저질화dumbing down"
라고 알려진 과정이 권위자들을 통해 확산된다. 공적 지식인
의 수가 감소하고, 대학에서는 학문의 전문화가 강화된다. 그
결과 공적인 발언을 하면서 공적인 것과 정치적인 것을 정의
하고 구축하는 일을 전문적인 기능으로 삼는 공적 지식인 계
층이 어느 나라에서나 쇠퇴하고 있는 것으로 보인다. 현 추
세에 대한 이런 식의 독해에 따르면, 공적 영역은 한편으로
는 아둔한 기술 관료적 행정과 다른 한편으로는 의미 없는
대중 매체의 구경거리로 대체되면서 모든 곳에서 축소되고
있다. 그 결과 공적 참여가 위축되고 있다. 사람들은 점점 더
자신의 사적인 생활과 사적인 쾌락에만 몰두한다.

참여와 책임성

이런 방향을 가리키는 추세가 존재한다는 점은 부인할 수 없
다. 민주주의에 대한 여러 가지 희망이 충족되지 않았다. 정
치에 관한 지식은 여전히 소수에 집중되어 있고, 투표와 납

세를 넘어선 적극적인 시민 정신은 여전히 드물다. 그러나 현대 사회를 이처럼 특징짓는 것에도 결함이 있다. 그것은 현대에 존재한 적이 없고 결코 존재할 수도 없을 정치적 포섭과 정치적 참여의 모델을 암묵적으로 염두에 두고 있기 때문이다. 그 배경이 되는 힘은 대부분 고대 세계의 정치 체제, 특히 그리스의 몇몇 정치 체제들에 의해 재현되었던 이상理想에서 비롯된다. 이 정치 체제들에서는 공적 영역이 사적 영역보다 훨씬 높은 위상을 가졌고, 공적 행위와 공적 발언은 사람을 사람답게 만들어 주는 변별적 특징으로 칭송받았다. 이 정치 체제는 분명 포괄적이지는 못했다. (노예와 마찬가지로 여성은 사적 영역에 유폐되어 권리를 인정받지 못했다.) 하지만 시민 신분의 사람들에게는 우리 시대에 이르기까지 정치적 상상 속에서 여전히 공명하고 그것의 소실을 매우 안타깝게 여기게 되는 공적 영역의 이상이 존재했다.

그러한 모델을 과연 현대 세계의 훨씬 더 큰 대규모 사회에 적용할 수 있는가라는 물음은 차치하고라도, 이 모델이 적절하지 않은 또 다른 이유는 근대가 일찍이 그 시초에서부터 공과 사 사이의 관계에 대해 과거와는 전혀 다르게 이해한다는 특징을 지니고 있다는 데에 있다. 근대적인 이해에서는 사적인 것이 우선권을 지니게 되었다. 정치 체제의 목적은 사적 욕망과 요구의 충족을 증진시키고 촉진시키는 것이다. 물론 이런 변화가 느닷없이 이루어진 것은 아니다. 그것은 근대성이 늘 그리는 궤적이었다. 참여의 변화된 형식은 이런 배경 위에서 고찰되어야 한다. 20세기 전반에 확립된 특정한 참여 형식을 취하여 이를 기준으로 현재를 판단할 수 있는 일종의 표준으로 생각하는 것은 잘못이다. 참여의 형식은 변화하고, 또 무엇이 공적인 것이고 그것이 어떻게 하면 실현될 수 있는지에 대한 이해 역시 변화한다. 공적인 것과 공적 공간이라는 이념을 위협하는 추세가 분명 존재하지만, 참여의 새로운 형식과 새로운 공적 의제가 출현하는 방식 역시 인정할 필요가 있다. 정보 혁명과 결합된 새로운 기술 공학은 시민들이 미래에 참여하게 될 새로운 방식, 지금 출현하고 있는 새로운 종류의 공동체와 사회적 상호 작용에 알맞은 새로운 방식을 열어 펼치고 있다. 낡은 형태의 사회적 자본이 감소할지는 몰라도 동시에 새로운 형태가 종종 창조되고 있다. 이와 관련하여 그 무엇도 자동적인 것은 아니며, 때때로 실제적인 손실이 생기기도 한다. 그러나 그 과정에는 결코 단 하나의 길만 있는 것이 아니다. 참여를 확대시키는 새로운 방식을 포함한 새로운 기회들이 발생할 것인데, 우리는 이를 꼭 붙잡아야 한다.

공적 영역의 종말이라는 생각에 내재하는 운명론은 이 책에서 논의했던 모든 종말론에 들어 있는 운명론과 유사하다. 이들의 주된 결함은 위험 징후들을 충분히 부각시키지 못한 데에 있는 것이 아니라 사태의 전개를 오직 하나의 결과를 산출하는 일방적인 추세로 제시한다는 데에 있다. 그러나 항상 그보다 훨씬 더 많은 가능성들이 존재하며, 정치가 지닌 목적들 중 하나는 그러한 가능성들을 토론하고 조사하고 시험할 수 있도록 보장하는 것이다. 정치 엘리트들이 권력을 집중화하고 유권자들을 조작하여 공적 토론을 제한하려고 애쓴다는 것은 그리 새로운 관찰이 아니다. 엘리트들은 보통 그런 식으로 행위해 왔다. 현대 국가의 위계질서와 비밀주의, 그것의 특징적인 규칙 형식들, 개방성과 책임성의 문화와 정치 사이에는 늘 긴장이 존재했다. 이런 긴장이 각 시대마다 새로운 형식을 띠게 되는데, 현시대도 이와 다르지 않다. 하지만 정당이 당원들을 잃고 있고, 투표자의 수가 격감하고 있으며, 정치 지도자들은 그 어느 때보다도 뻔뻔스럽게 마케팅 되고 있다는 이유로 우리가 정치적인 것의 절박하고 최종적인 종결에 직면해 있다고 생각하는 것은 설득력이 없다. 민주주의를 향상시키고 심화시키기 위한 투쟁은 끝이 없으며, 민주주의의 형식들 자체가 존속하는 한 민주주의를 제한하려는 어떠한 시도도 저항에 부딪치게 될 것이다. 그 저항이 성공할 것이라든지 사회는 필연적으로 진보하는 방식으로 발전한다는 보장은 없다. 사회는 전진할 수도 있고 후퇴할 수도 있다. 그러나 그 가능성들을 평가할 때, 인간사에서 분수령을 이루는 어떤 비상한 대격변이 지금 일어나고 있다고 생각할 필요는 없다.

공적 이해 관심의 종말

정치가 공적 영역과 맺는 관계는 공적 이해 관심이라는 문제 와 긴밀하게 관련되어 있다. 사적 이해 관심과는 분리된 공 적 이해 관심이 정말 있는가? 여러 정치 이론가들이 이런 생 각을 무가치한 것으로 기각했다. 정치인들이 공적 이해 관심 에서 행위한다거나 공적 이해 관심을 고려한다고 말한다면, 우리는 이를 단지 사적 이해 관심을 은폐하는 허울로 간주한 다. 정치인들은 공적인 것의 이름으로 행위한다고 주장함으 로써 자신이 행하는 바를 정당화하려고 애쓰지만, 그들의 실 제 동기와 의도는 무엇이 자기 자신의 이해 관심이나 혹은 그들이 대표하는 사람들의 이해 관심을 증진시킬지에 대한 계산에 기초하고 있다.

최근에는 신자유주의 중에서도 공공 선택 진영이 공적 이해 관심 같은 것은 없다는 주장을 가장 강력하게 제기했 다. 공공 선택은 간단한 경제학적 모델과 경제학적 가정들을 정치의 분석에 적용하면서 정치가 스스로를 포장하는 가식 과 환상을 제거해 버리려고 한다. 개인들과 그들의 이해 관 심만이 존재하는 모든 것이라면, 어느 한 개인이 소비자인지 아니면 정치인인지는 중요한 문제가 아니다. 이 양자의 행동 에 대한 분석은 유사할 것이다. 공공 선택 이론은 모든 개인 이 합리적이고 자신의 효용을 극대화시킨다고 가정한다. 따

라서 개인은 자신의 이익을 극대화하고 비용을 극소화하는
선택을 한다는 것이다. 비용과 이익은 주관적이며, 궁극적으
로는 개인만이 그것을 인지할 수 있다. 이를 정치에 적용한
다면, 이런 가정들은 공적 이해 관심이라든가 계몽된 정부
혹은 인민의 선善을 위한 정부 등의 개념이 의미가 없다는 것
을 뜻한다. 정부는 그것을 구성하는 개인들, 즉 정치인과 관
료들로 분해되어야 한다. 이 정치인과 관료들은 모두 자기
자신의 사적 이해 관심을 추구하고 자신의 (주관적인) 효용을
극대화하려고 애쓴다. 그 귀결은 높은 손실을 낳는 체계이다.
정치 시장은 매우 불완전한 경쟁과 진지하게 경비를 절감하
려는 노력의 부재로 인해 심각하게 왜곡되어 있기 때문이다.
그 결과 정치인과 관료들은 그들의 예산을 확대하고 또 거의
제지받지 않은 채 그들의 활동 범위를 넓힐 수 있게 된다. 이
는 다른 모든 사람들을 희생시키면서 그들 자신의 이해 관심
을 증진시키는 결과로 이끈다.

신자유주의자들은 정치에서 선한 것은 거의 보지 않는
다. 정치는 이 세계에 존재하는 대부분의 악의 원천이며, 따
라서 가능한 한 그 고삐를 바짝 잡아 당겨야 할 필요가 있다.
정치가 없는 세계가 훨씬 더 훌륭한 환경이 될 것이다. 하지
만 이 논변은 매우 환원주의적이다. 그것은 모든 공공 서비
스업 뒤에 숨어 있는 사적 이해 관심을 폭로하고자 한다. 이
논변이 주장하는 바가 개인은 필연적으로 본성상 악하다는
것은 아니다. (비록 일부는 그렇게 생각하지만.) 다만 개인들이

그들을 규율하고 그들의 행동을 일정한 방향으로 이끄는 규칙들의 확고한 틀 안에 자리 잡지 않는 한, 그들은 타인을 희생시키면서 자신의 이해 관심을 증진시키는 방식으로 행동하리라는 것이다. 정치와 공적 영역이 안고 있는 문제점은 정치 시장을 정상적인 상업 시장만큼 경쟁적으로 만드는 규칙들을 고안해 내는 것이 불가능하다는 데에 있다. 이것이 함축하는 바는 정치 시장을 모조리 폐쇄하지는 못한다 하더라도 적어도 그것이 최소한의 손실만을 입히도록 가능한 한 제한되어야 한다는 것이다.

신자유주의는 공공선이라든가 공적 이타주의라든가 계몽된 온정적 간섭주의라든가 중립적이고 모든 것을 알고 있는 정부 같은 개념들을 모조리 강력하게 공격한다. 이런 점에서(다른 점에서는 그렇지 않을지라도) 신자유주의는 마르크스주의의 특정한 갈래와 닮았다. 마르크스주의의 일부 갈래 역시 환원주의적인 방식으로 다음과 같이 주장한다. 계급 사회에서는 국가가 계급들 사이에서 중립적일 수 없으므로, 국가가 어떤 보편적인 이해 관심을 대변한다는 주장은 허위이고 언제나 어느 특정 계급의 이해 관심을 은폐하는 구실에 불과하다. 실제로 국가는 계급적 이해 관심들의 특정한 구도를 보호하기 위해 존재했을 뿐이다. 일체의 국가 정책은 어느 특정 계급의 이해 관심에 봉사한다는 의미에서 바로 계급 정책이었다. 정치를 위한 독립적인 공간은 존재하지 않았다.

이러한 신자유주의자들과 마르크스주의자들의 논변에

대한 가장 탁월한 반론은 신자유주의와 마르크스주의 자체 내에서 나왔다. 환원주의적인 논변이 때때로 충격적이고 매혹적이라 하더라도 궁극적으로는 그릇된 것이다. 그들이 "공적"이라든가 "이타주의적"이라든가 "계몽된," "불편부당한" 등의 술어들을 공공 정책에 자동적으로 부여하는 것에 대해 의문을 제기하는 것은 옳다. 그러나 그들은 공적 영역과 국가에 대하여 매우 일면적이고 불완전한 설명만을 제공한다. 특히 그들은 개인들이 다양한 이해 관심을 추구할 수 있도록 해주는 틀을 설정하고 일반 규칙들을 수립하는 행위와 특정한 개인적 이해 관심에 봉사할 수도 있는 정책과 행위를 서로 구별하지 못한다. 정치와 국가에 대한 그들의 설명이 옳다면, 국가란 단지 하나의 수탈 체계에 불과할 것이고, 부패의 수준과 공직 남용은 고질적일 것이다. 물론 일부 정치 체제와 국가는 실제로 그러하다. 하지만 왜 모든 정치 체제와 국가가 그렇지는 않은가? 그렇지 않은 정치 체제와 국가도 있다는 사실은 공적 영역에 참여하는 사람들의 사적 이해 관심과 분리될 수 있는 공적 이해 관심이라는 개념을 강력하게 입증해 준다.

객관적이고 이성의 사용을 통해 인지할 수 있으며 따라서 원칙적으로 엘리트가 접근할 수 있는 것으로 파악되는 공공선의 개념은 공적 이해 관심이라는 개념과 구별된다. 공과 사에 대한 고대 세계의 관념이 현대와는 다르듯이, 선과 지식에 관한 이런 고전적인 관념은 현대적 관념과는 다르다.

사적private이라는 말은 본래 공적인 삶에서 벗어남을 뜻하며 박탈을 가리켰다. 사적 영역이 내밀성과 독립의 영역으로 확대되고 국가에 대립한 시장의 영역으로 확대된 것은 근대의 작품이다. 그리고 공적인 것과 국가가 융합된 것은 20세기에 벌어진 특수한 현상이다. 이제는 사기업이 공기업, 즉 국영 기업에 대립하게 되었지만, 과거에는 공기업(형식적으로는 주주들이 소유하지만 공적으로 그 가치가 매겨지는 유한 책임 회사)을 국영 기업(국가가 전적으로 소유하는 회사)과 대치시키는 것이 적절하다고 여겼다.

공공선에 대한 고전적인 관념에는 이해 관심이 들어설 자리가 없다. 공공선에 대립하는 공적 이해 관심이라는 생각은 사적 이해 관심이 사회 질서의 근거 기반으로 지각되는 사회에서만 등장할 수 있었다. 벤담J. Bentham과 공리주의자들은 공적 이해 관심을 개인적 이해 관심들의 총합으로 구성했다. 그러나 설사 사회가 그 구성원들의 사적인 행복 추구를 증진시키기 위해 존재한다는 원칙을 받아들인다 하더라도, 어떻게 하면 행복해지려는 개인들의 기획 모두가 서로 충돌을 일으키지 않게 될 수 있는가라는 문제가 여전히 남게 된다. 이에 필요한 제도와 규칙들이 자발적으로 생겨날 것이라거나 특정한 개인들이 특정한 서비스에 대한 수요를 알아차리고 다른 개인들은 이를 구매할 것이라고 가정하지 않는 한, 사회의 전반적인 배치라는 장기적 관점을 취하는 국가나 공공 단체의 필요성을 외면할 수 없다.

공적 이해 관심은 공공선에 관한 객관적인 관념에서 도출되지도 않고 개인들 자신의 사적 이해 관심의 자발적인 추구에서 도출되지도 않는다. 그렇다고 해서 공적 이해 관심이라는 관념이 무의미해지는 것은 아니다. 공적 이해 관심을 정의하려는 시도는 현대 정치의 가장 중요한 일면이 되었다. 공과 사가 어떻게 규정되며 그 둘 사이의 관계는 어떻게 규정되는가라는 것만이 아니라 공적 영역에 대한 정의 그리고 이를 넘어서 정치적 영역에 대한 이해 및 공공 정책과 공적 행위를 형식화하고 평가하는 데에 적합한 기준과 가치들이 공적 이해 관심이라는 관념에서 관건이 된다. 이는 공적 이해 관심이 어떤 고정적인 것이 될 수 없음을 의미한다. 그것은 항상 논쟁거리가 되고 협상의 과정 중에 있다. 어느 특정한 사회나 특정한 시대에 무엇이 공적 이해 관심인지는 다양한 이해 관심들과 압력들의 강도, 역사적 유산들, 사건들, 이데올로기적 논변과 정치적 지도력 등에 의해, 간단히 말하면 정치에 의해 결정될 것이다.

이와 같은 이해는 여전히 공적 이해 관심이라는 용어가 애매하고 모든 것과 아무것도 아닌 것 둘 다를 의미할 수 있다는 불평을 잠재우지는 못할 것이다. 그것은 공적 영역에 관한 특정한 담론의 전개, 공공 서비스와 공적 책임의 특정한 윤리, 공적 이해 관심에 관한 합리적 토론을 위한 특정한 기준에 달려 있다. 공적 이해 관심에 관한 현시대의 논의 대부분은 공정성을 축으로 하여, 즉 공정성을 구현하는 규칙들

의 틀을 어떻게 세우고 그로부터의 일탈을 어떻게 다룰 것인
가라는 문제들을 축으로 하여 이루어진다. 그렇기 때문에 동
등한 대우와 정당한 절차 그리고 자원의 배분과 적격성의 결
정을 위한 특수한 기준 등의 이념들이 공적 이해 관심이 무
엇인지를 확인하는 데에 핵심적이다.

그런 과정은 공직 매수나 보편적인 이해 관심으로 가장
한 특수한 이해 관심의 추구에서 발생하는 부패에 항상 취약
하다. 그러나 확립된 민주 정체에서는 공적 이해 관심에 따
른 사고방식에 투철한 제도들과 기관들이 축적되어 있다. 공
적 이해 관심은 확대 국가 같은 한 가지 특정한 결과로 편향
되어 있지 않다. 최소 국가도 또한 공적 이해 관심의 한 가지
유형인데, 이것은 공적 이해 관심이 소수의 핵심 기능만을
수행하는 활동에 국한된 국가에 의해 가장 잘 지켜질 것이라
고 여긴다. 하지만 이 역시 여전히 중요한 공적 영역을 규정
하고 공적 기준과 공적 가치의 필요성을 인정하는 것이다.

정치는 더 이상 의의가 없으며 세계화와 기술 공학에 의
해 그 운명이 결정될 세계에서 정치의 중요성과 의의가 줄어
들고 있다는 주장은 정치가 담당하고 또 늘 담당해 왔던 특
별한 공헌을 이해하지 못한다. 초세계화와 번성하는 기술 공
학의 세계는 공적 이해 관심에 대한 고려를 덜 필요로 하기
보다는 오히려 더 필요로 하며, 그 두 과정이 유발하는 충격
을 감시하고 그 이익을 나누는 틀을 구축하려는 노력을 더욱
필요로 하는 것으로 보인다. 유전자 코드의 일부를 해독한

연구 실험실에 그 성과에 대한 특허권을 주고 이를 이용하려는 사람들에게 사용료를 부과할 수 있도록 허용할 것인가, 아니면 그런 연구는 공적 영역에 속하며 모든 연구자가 자유롭게 이용할 수 있도록 되어야 하는가에 대한 논쟁 같은 새로운 사례들이 매일 생겨나고 있다. 이 문제는 고전적인 공적 이해 관심의 논제이자 또한 세계 시장을 관리하는 일의 핵심에 관련된 논제이기도 하다. 이 경우에 공적 이해 관심이 무엇인지를 규정하는 일은 유전자 코드의 해독이 사적 이해 관심에 의한 사유私有가 되어서는 안 되고 공동 소유가 될 것을 주장해야 할 만큼 중요성을 지닌 획기적인 과학적 발견인지를 결정하는 것을 의미한다. 이 논제에 대해 처음에는 법률적인 면에서 논쟁이 벌어지겠지만, 유럽의 법원과 미국의 법원은 서로 다른 태도를 취할 것이다. 그렇게 되면 공적 이해 관심에 관한 물음은 법정에서 정부로 옮겨갈 것이고, 정부는 유전자 코드가 공적 영역에 남고 공적으로 접근이 가능하도록 보장하는 국제 협약에 서명할 것인지를 고심해야 할 것이다.

　이와 같은 정치적 문제들은 앞으로도 증가할 것이다. 활발하고 개방된 정치적 논쟁과 건강한 공적 영역의 보존이 필요하다는 점은 명백해 보인다. 정부가 이 논쟁을 때때로 조작하려고 기도할지라도 그것을 통제하지는 못한다. 통치의 종말이나 정치의 종말이라고 일컬어지는 것은 흔히 통치가 과거보다 덜 강력하다는 판단 이상이 아니다. 통치 내부에서

혁명이 일어나고 있으며, 공적 영역에 대한 낡은 관념들은
더 이상 그리 유용하지도 않고 적확하지도 않다. 공적 영역
을 규정할 원리들에 관한 명철한 사고가 시급히 요구된다.
그러나 공적 영역 자체가 지금 사라지려 하는 것은 아니다.

6. 정치

거대 메타 서사의 시대는 지나갔다는 것이 일부 형태의 종말론이 내세우는 핵심적인 주장 중 하나이긴 하지만, 종말론 자체가 이런 서사에 속하고 그 흔적을 지니고 있다. 종말론은 변화를 거대 메타 서사들이 이해하는 것과 마찬가지 방식으로 이해하는데, 즉 순환으로보다는 일정한 방향성을 가진 추세로 이해한다. 인류의 발전이 지난 200년 동안 지속된 근대성의 시대를 넘어서서 질적으로 새로운 단계에 접어들었다는 종말론의 믿음은 전형적으로 근대론적인 생각이다. 이 서사에 따르면 지난 200년 동안 인구 증가, 무역, 경제적 산출, 기술 공학적 혁신, 대중 매체, 문화 교류 등에서 나타나는 추세는 상승적이면서 또한 누적적이다. 이런 것들이 함께 상호 의존적인 세계 시장을 창출했다. 진보가 한결같지는 않았고, 종종 전쟁이나 경제 불황의 여파로 격심한 퇴행이나 쇠퇴도 있었지만, 상향 운동량은 늘 회복되었다. 이제 더 이상 과거를 재생산하지 않는 새로운 사회 발전의 단계에 도달했다. 지난 200년 동안 사회 변화에 대한 인간의 경험은 끝없이 반복되는 순환에 따르기보다는 진보적이었다. 역사는 맴돌기보다는 계속 전진하는데, 이는 세대 간의 경험에서 어떤 것은 일정하게 유지되지만 또 어떤 것은 전적으로 새롭다는 것을 의미한다.

종말론을 논하는 저서들은 이런 견해에 도전하기는커녕 오히려 그것을 추인한다. 과거의 서구 문화를 포함하여 다른 문화들은 변화에 대하여 이와 다른 생각들을 가졌었다. 21세기에 시간과 공간을 파악하는 방식에 대한 진정한 도전은 변화에 대한 순환론적 견해의 부활일 것이다. 그러나 대부분 형태의 종말론은 과학적 지식과 기술 공학적 혁신을 핵심적인 것으로 강조한다. 새로운 정보 혁명은 그 영향이 모든 사회 제도들에 침투함에 따라 지난 100년간 수많은 제도와 관습들을 소멸시키는 결과를 낳는 촉매가 되었다. 하지만 이 혁명은 현대 이전에 발생했던 다른 혁명들과 원칙적으로 다르지 않다.

우리는 종말론을 논하는 일부 저서들을 이처럼 새로운 사고, 새로운 삶의 형식, 새로운 제도, 새로운 관계 그리고 무엇보다도 새로운 경제를 위한 정지整地 작업을 하면서 우리 앞에 놓인 역사 발전의 새로운 단계에 대한 설명을 제공해 주는 것으로 읽을 수 있다. 어느 혁명이건 또 어느 세대이건 과거로부터의 해방, 새로운 시작, 열린 미래, 역사의 종말을 선언함으로써 자신을 알린다. 종말론을 논하는 저서들이 이와 다를 바 있는가? 이 저서들이 때로는 사태를 너무 과장하는 수도 있지만, 어쩌면 이런 과장이 우리에게 충격을 주어 우리의 안이함을 뒤흔들고, 지구는 움직이고 있으며 질적으로 다른 무엇인가가 생기고 있다는 점을 우리에게 자각시키기 위해 필수적일지도 모른다.

새로움에 대한 찬양은 근대성을 이루는 본질적인 부분인데, 늘 그랬듯이 그것은 무모한 낙관론과 짙은 비관론이라는 양 극단을 야기하는 경향이 있다. 이 두 가지 모두가 종말론을 논하는 저술들에서 발견된다. 예를 들어, 세계화를 아주 열광적으로 지지하는 사람들은 20세기가 식민 제국들을 일소했던 것과 마찬가지로 21세기에는 틀림없이 국제적 국가 체제라는 퇴적층을 말끔하게 일소하고 조화와 평화의 시대로 안내할 새로운 무無국가 세계 시민적 질서가 등장할 것이라고 믿는다. 이와 반대로 여러 환경론자들은 기술 공학적 산업 체계가 통제 불능에 빠졌고, 생명 보전을 위한 지구 생태계가 돌이킬 수 없이 손상되는 것을 피하기에는 너무 늦었으며, 그 결과 세계는 환경 재앙과 자원을 둘러싼 격렬한 갈등의 시대에 직면해 있다고 두려워한다.

그런데 이런 낙관론자들과 비관론자들은 우리의 운명이 우리 밖에 있는 힘들에 의해 이미 확정되어 있다는 확신을 공유한다. 좋든 나쁘든 간에 우리는 우리가 도무지 어찌할 수 없는 추세에 사로잡혀 있다는 것이다. 어떤 이는 이를 기뻐하고 또 어떤 이는 이에 절망할 테지만, 양자 모두 우리가 아직도 미래의 모습을 함께 빚어낼 수 있다거나 심지어는 적어도 그런 시도를 해보아야 한다는 것에 대해 회의한다. 신자유주의자들과 여러 탈근대론자들에게 미래에는 개인들과 그들의 선택만이 문제가 되지 정치는 문제가 되지 않는다. 활동으로서의 정치는 전반적으로 비난을 받고 있고, 그 중요성과 의의도 감소하고 있다.

정치가 종말에 다다랐는가? 이 책은 그렇지 않다고 주장한다. 그 이유는 두 가지이다. 첫째로 앞선 네 장章에서 제시한 바와 같이 역사의 종말, 민족 국가의 종말, 권위의 종말, 공적 영역의 종말에 대한 주장들 대부분이 논쟁의 여지를 갖고 있다. 우리가 현재 경험하고 있는 변화들을 과장법과 운명론에 의지하지 않고 더 잘 이해할 수 있는 길이 있다. 두 번째 이유는 활동으로서의 정치가 우리의 경험의 일부분일 뿐만 아니라 우리의 경험을 구성하는 것이라는 점을 인식해야 한다는 것이다. 종말론을 논하는 그토록 많은 저서들 속에 암묵적으로 또는 명시적으로 담겨 있는 운명론은 다른 정치적 선택들을 배제할 뿐만 아니라 다른 어떤 선택도 불가능하거나 실행될 수 없다고 상정하는 특정한 정치적 선택을 표현한다.

정치의 내용과 양식은 끊임없이 변화하고 있으며, 앞으

로 50년 후에는 알아볼 수조차 없게 될지도 모른다. 그러나 정치의 필요성이 사라지지는 않을 것이다. 이 마지막 장에서 나는 우리가 직면한 문제들의 규모가 그 어느 때보다도 막대하고 이를 해결하려면 공동의 행위를 필요로 하기 때문에 정치의 필요성이 지금처럼 큰 적이 없었다고 주장하고자 한다. 우리가 정치를 통해 이 문제들을 다룰 수 없다면, 우리는 이 문제들을 아예 다루지 못하게 될 것이다. 더욱이 종말론을 논하는 일부 저서들이 함축하고 있는 바는, 이 문제들이 사실은 문제가 아니거나 혹은 더 이상 공동의 해결을 필요로 하지 않기 때문에 우리가 이를 다룰 필요가 없다는 것이다. 그런데 이것이야말로 지극히 안이한 견해이다.

정치적인 것의 차원들

정치적인 것은 아직 사라지지 않았다. 우리는 제1장에서 정치적인 것의 세 가지 차원들인 권력과 정체성과 질서를 검토했다. 그리고 어떻게 해서 활동으로서의 정치가 그중 첫 번째 차원과 과도하게 동일화됨으로써, 즉 국사國事라든가 통치 업무라든가 누가 포함되고 누가 배제되는가라는 문제라든가 궁중 정치라든가 정책의 왜곡과 전도順倒 등에 관한 일로 간주됨으로써, 늘 비난을 받게 되었는지를 적시했다. 권력과 영

향력에 대한 매혹, 접근전과 정치 가십에 대한 애착, 사소하
거나 중대한 관직 부패 등은 어떤 정치 체제에서건 정치의
고질적인 모습이다. 그리고 정치인들은 대부분의 정치가 보
여 주는 천박한 특성 탓에 그리고 대중 매체가 이를 공적인
조사에 폭로하는 일이 잦아짐에 따라 더욱 경멸받게 된다.
자신의 견해를 공개적으로 진술하는 것은 모호하게 얼버무
리거나 거부하면서 동시에 정적들의 명예를 훼손하고 그들
의 견해를 왜곡하여 진술하려고 애쓰는 정치인들의 일상적
인 관행은 정치에 정직성이 결여되어 있음을 예증한다. 여러
정치 체제에서 유권자들은 정치인들이 정직하게 말한다고
믿을 수 없기 때문에 정치인들에 대해 냉소적으로 되었다.
정치인들이 신뢰를 받지 못하는 데에는 다음과 같은 까닭이
있다. 즉, 정치인들이 공적인 발언을 할 때에는 그들이 지닌
모든 활동력이 다만 상대방을 곤경에 빠뜨리려는 (점점 더 헛
된) 희망에서 당파적인 주장을 하는 것에 투입된다. 그리고
그들이 통치를 할 때에는 그들의 행위 대부분이 그들 자신에
게 자금을 공급하거나 공급할 수 있는 이해 관심을 유리하게
만든다고 의심받는다. 정치인들이 더욱 전문적으로 되면 될
수록, 그들은 점점 더 나머지 사회와 격리된 채 그들 자신만
의 고유한 의식儀式과 신념과 강박 행동을 지닌 부족을 닮게
된다. 그리고 유권자들은 마치 이상한 게임쇼에서처럼 이들
을 관찰하다가 주기적으로 그에 대해 판단을 내려달라는 요
청을 받는다.

　그런데 정치적인 것이 지닌 이런 차원을 마음대로 사라지게 할 수는 없다. 어느 정치 체제에서건 자원은 분배되어야 하고 누군가는 직위를 차지해야 하는데, 정치는 이런 사안들을 중심으로 결정에 의문을 제기하고 논쟁을 벌이며 압력과 영향력을 행사하기 위해 출현할 것이다. 문제는 결정을 내리는 집단이 어느 정도로 확대되거나 한정되어야 하는가이다. 어느 사회에서건 정치 계층은 자기 안에 폐쇄되어 더 이상 보다 넓은 사회로 개방되지도 않고, 더 이상 이익 관심들 사이에서 협상을 중개하거나 합의를 이루려고 노력하는 데에 관여하지 않을 수도 있다. 이것이 더 나쁜 방향으로의 변화를 표시하는 것일 수는 있지만, 그렇다고 더 이상 정치가 존재하지 않는다는 것을 의미하지는 않는다. 권력의 집터를 둘러싼 "궁중"이 얼마나 작든지 간에 그 권력을 통제하고 권력의 정책을 결정하며 이를 편들어 발언하려는 투쟁은 여전히 존재할 것이다. 오히려 그 궁중이 작으면 작을수록 정치의 강도와 밀도는 더욱더 높아질 것이다.

　정치의 이런 차원은 중앙 집중적 의사 결정에서 발생한다. 그것은 어느 조직에서건 현존하며, 인물의 개성과 정치 가십쇼에 대한 대중 매체의 갈구가 누그러질 기세를 보이지 않게 된 이후 현대 국가에서 감소하기보다는 오히려 증대되는 편인 것 같다. 이것이 바로 궁중 정치인데, 그것은 언제나 존재해 왔다. 현대의 민주 정체에서 궁중 정치는 그 어느 때보다도 공공연하고 적나라하게 노출되어 있으며, 이는 다시 그것에 제약을 가하고 남용을 제한하려는 압력을 수반한다. 민주주의적이건 권위주의적이건 간에 여러 정치 체제에서 부패와 가신주의家臣主義가 여전히 만연해 있다. 궁중 정치를 덜 혐오스럽게 만들고 정책의 관철과 수행에 덜 방해가 되도록 만들기 위해 할 수 있는 일들이 있다 하더라도, 궁중 정치는 항상 내부자와 외부자 사이의 시합이 될 것이다. 그 시합은 늘 소란스럽고 거칠 것이다. 그렇지만 궁중 정치가 일부 논평이 상정하는 것처럼 정치의 모든 것은 아니다. 궁중 정치가 때때로 정치의 모든 것인 양 보이는 이유는 정치가, 마치 타이타닉 호가 빙산을 향해 거침없이 항해할 때 갑판 위에서 미친 듯이 연주하는 관현악단처럼, 우리의 운명을 결정짓는 심층의 사회적 추세 위에 떠 있는 거품에 지나지 않는 것처럼 보일 수도 있기 때문이다.

　그러나 우리가 권력으로서의 정치에 너무 과도하게 집중하면 정체성으로서의 정치와 질서로서의 정치라는 정치의 다른 차원들을 간과하게 된다. 정치적 정체성을 규정하는 가치와 원칙과 신념과 책무는 적으로부터 동지를 분별할 수 있게 만들고, 정치 운동을 촉발시키며, 정치적 입장을 인식할 수 있는 척도와 기준을 확립한다. 이것은 여러 모로 권력과 연계되어 있기는 하지만 또한 권력으로부터 분리되어 있기도 하며, 정치인이나 고문顧問 개개인의 이력보다 훨씬 더 지속적인 성질을 가지고 있다. 그것은 개인적인 투쟁이 벌어지는 전면의 배후를 이루는 일부분이다. 일부 정치 이론가들에

게 적과 동지에 대한 규정은 정치의 요체이다. 왜냐하면 그
것은 당신이 누구이고 당신이 지지하는 것은 무엇인지를 말
해 주며, 당신의 이해 관심과 신념을 지키기 위해 행동을 취
할 용의가 있음을 지시하기 때문이다. 적과 동지가 없다면
정치는 초점을 잃게 될 것이다. 갈등과 심각한 논쟁이 없다
면, 누가 관직을 차지하고 그의 정책은 무엇인가라는 논쟁거
리는 사소해질 것이다.

　종말론적 서사들 대부분은 정치와 유관한 정체성의 원천
이 현대 세계에서는 사라지고 있으며, 바로 이 때문에 정치
가 쇠퇴하고 있다고 선언하거나 그런 생각을 함축하고 있다.
정치적 정체성의 가장 큰 원천 중 하나인 이데올로기 논쟁이
끝났다고 선언하는 역사의 종말에 관한 서사는 정치가 더 이
상 아무 기능도 갖고 있지 않다고 상정한다. 이와 마찬가지
로 세계화에 관한 서사는 민족 국가의 종말 그리고 이와 더
불어 정치적 정체성에 영향을 미치던 가장 유력한 구획들 중
하나의 종말을 보고 있다고 주장한다. 그러나 이데올로기는
변화무궁하다. 이데올로기는 아직 살아 있고 건재하며, 여전
히 동일성과 차이의 유력한 원천인 것으로 보인다. 그리고
설사 ― 그렇게 될 조짐은 거의 없지만 ― 민족 국가가 이제
사라지려 하고 있다손 치더라도, 미래에도 정체성의 정치에
연료를 공급해 줄 수 있을 또 다른 차이의 원천들이 존재한
다. 인종과 성性뿐만 아니라 종교 같은 문화의 여러 측면들이
여전히 정체성의 주요 원천으로 남아 있다. 정치적 정체성이

더욱 복합적으로 됨에 따라 정체성이 부과되거나 전승되기
보다는 구성되고 협상되는 범위가 그만큼 더 넓어지게 된다.

　정치의 세 번째 차원인 질서의 정치는 정치적 행위와 그
결과를 조형하는 기회와 제약들을 제공하는 법률적 · 정치적
구조들을 통해 `어떻게 정치적인 것이 구성되는가 하는 문제
와 관련된다. 질서의 차원이 권력의 차원이나 정체성의 차원
보다 더 모호하고 덜 직접적인 것처럼 보일 수도 있지만, 질
서의 차원은 권력으로서의 정치를 뒷받침하고 그 구조가 장
기간 존속하기 때문에 아주 중요하다. 이것이 곧 제도의 차
원, 즉 행위를 지도하고 조형하며 규범과 가치들을 구현하는
규칙들이다. 그것은 다양한 관리 형식들을 포함하고 또 일정
한 주요 제도 양식들을 통해 사회가 조종되는 방식들을 포함
한다. 그와 같은 주요 제도 양식들에는 (회사나 정부 부처나
정부 기관 같은) 위계질서들과 (금융 시장과 상품 시장과 노동
시장을 포함한) 시장들과 (정책 연구 위원회나 정치 운동 같은)
네트워크들이 포함된다.

　이 질서의 차원은 제정制定을 내포하는데, 단지 국가의 헌
법 ― 즉, 투표, 선출, 임용, 임기, 권력 분립, 중앙 집중화, 권
한 이양, 권력들, 정당한 절차, 개인의 권리 등을 확정하는 규
칙들 ― 만이 아니라 사회와 경제의 규약들 ― 사회와 경제
를 어떻게 다스리는지를 확정하고 그것들이 공식적 · 비공식
적인 정치적 절차들을 통해 유지되는 방식들을 확정하는 규
칙들 ― 을 내포한다.

뒤얽힌 운명

정치의 의미가 권력의 차원으로 한정되면, 왜 사회의 운명을 결정하는 거대한 비인격적 힘들에 의해 정치가 왜소화되어 나타나는지 쉽게 이해가 된다. 그러나 우리가 제안한 보다 큰 틀에서 고찰해 보면, 정치는 정체성의 형식과 관리의 형식들을 창조하고 유지하는 활동이기도 하다. 정치는 공동체로 하여금 자신의 운명에 대한 통제를 도모하도록 해주는 정치적 영역을 창조한다. 그런데 운명은 다양한 의미를 지니고 있다. 이 책에서는 운명이 너무 자주 그 손아귀 안에서 인간을 한낱 신들의 장남감에 불과하도록 만드는 거대한 비인격적 힘과 결합되어 연상되곤 했음을 보았다. 한때는 이 거대한 비인격적 힘이 인간의 숙명을 통제하는 초자연적 힘과 동일시되기도 했다. 근대성은 이런 초자연적 힘의 통제로부터 인간을 해방시키고 인간에게 새로운 역량과 권력을 주겠다고 약속했다. 그러나 근대성은 곧 개인과 인류 전체를 가두는 일련의 쇠창살들을 만들어 내는 세속적인 힘들도 함께 풀어 놓았다. 종말론을 논하는 저술들에서 아주 분명하게 표현되는 운명론은 근대적 사유의 이런 갈래에 담겨 있는 결정론에서 비롯되었다. 이 운명론은 정치와 그것이 지닌 능력이 어떤 차이를 만들어 낼 수 있다는 생각을 거부한다.

우리가 근대성에서 비롯된 운명론으로부터 벗어나길 원

한다면, 불가피한 결과로 향하는 길을 닦는 가차 없는 추세
라는 생각을 논박하고 정치를 받아들여야 한다. 하지만 정치
를 받아들인다는 말이 운명이라는 개념을 폐기하거나 인간
이 아무 제약도 없는 세계로 단번에 비약할 수 있다고 생각
하는 것을 의미하지는 않는다. 정치와 운명 사이의 참된 관
계는 한편으로는 창의성과 혁신과 가능성 그리고 다른 한편
으로는 제약과 우연성과 역사적 유산 사이의 상호 작용이다.
이런 긴장은 우리의 경험에 핵심적이다. 운명을 바꿀 수 없
는 숙명으로 다루기보다는 정치적 행위에 있어서의 제약으
로 다루는 것은 종말론의 서사들에 대해 그리고 우리가 이
서사들을 어떻게 평가해야 하는지에 대해 또 다른 시각을 제
공해 준다. 종말론이 조장하고 정치의 가능성을 파괴하는 우
리 운명에 관한 세 가지 특정한 전망들, 즉 일차원적 사회와
세계 시장과 기술 공학적 국가라는 전망들이 아직 남아 있는
데, 우리는 이제 이를 보다 상세히 고찰할 것이다.

일차원적 사회

일차원적 사회one-dimensional society란 상상 속에서건 실제
로건 사회를 조직하는 방식에 대한 실천 가능한 대안을 구축
하는 어떠한 길도 더 이상 존재하지 않는 사회이다. 자유주

의의 승리가 의미하는 바는 자유 시장 자본주의와 자유 민주주의만이 존재하는 모든 것이며, 인간 사회가 원한다면 더 나쁘게 만들 수는 있을지언정 자유 시장 자본주의와 자유 민주주의를 더 이상 개선할 수는 없다는 것이다. 혁명의 촉매제가 될 만한 어떤 행위 작용도 없고, 현재의 상태에서 벗어나 미래의 가능성을 분별할 수 있는 어떤 비판적 사유도 더 이상 존재하지 않는다.

우리 시대를 이렇게 비관적으로 독해하는 것은 1991년에 최종적으로 종말을 맞은 소비에트 공산주의 체제를 자본주의에 대한 유일한 실질적 대안과 동일시하는 데에서 주로 기인한다. 하지만 이는 자본주의와 사회주의가 지닌 의미를 20세기에 존재했던 두 가지 군사적·정치적·경제적 체제 간의 특정한 역사적 대립에 고착시키는 것이다. 지난 세기 동안 자유주의와 사회주의의 충돌은 계급을 중심으로 한 강력한 정체성의 정치를 발생시켰고, 사회적·경제적 관리의 근본 원리들에 대해 의문을 제기하는 정치 운동과 변혁적인 질서의 정치를 창출했다.

마르크스주의는 자본주의가 역사상 알려진 최후의 계급적 생산 양식이 될 것이고, 노동자 혁명이 처음에는 사회주의 사회를 그리고 다음에는 공산주의 사회를 가져올 것이라고 예언했다. 생산 수단에 대한 통제가 최초로 생산자 자신의 손에 귀속될 것이고, 국가는 소멸되리라는 것이다. 그러나 자본주의가 일구어 낸 생산 수준을 이용하고 더 발전시키는

자치적이고 필요에 따라 자원을 재분배하는 연대적 공동체
에 대한 이런 꿈은 러시아라는 환경에서는 실현 불가능하다
는 것이 밝혀졌다. 그리고 러시아에서의 실패는 결국 예전의
지지자들 중 상당수에게 그런 꿈이 그 어디에서도 이루어질
수 없다고 설득하게 되었다. 소비에트 공산주의가 처음에는
독재가 되었다가 나중에는 폭정이 되었을 때, 즉 소비에트의
국가적 이해 관심을 세계 혁명보다 우선시함으로써 테러를
통해 수많은 시민들을 죽음으로 몰아넣고 자신이 통제하지
못하는 모든 내적 · 외적 운동을 억압하려는 국가가 되었을
때, 소비에트 공산주의는 참담한 절망일 뿐이라고 입증되었
다.

소비에트 연방이 경제적으로 낙후되고 마침내는 서구와
도저히 경쟁이 안 된다는 점이 연이어 폭로된 것은 단지 소
비에트의 실험만이 아니라 마르크스주의적 기획 전체에 대
한 뼈아픈 재평가를 완결 지었다. 역사의 종말은 그것이 마
르크스주의의 종말로 간주되었기 때문에 환영받았다. 그러
나 러시아에서의 경험이 보여 주는 것은 자본주의에 대한 대
안을 전혀 생각할 수 없다거나 그것이 불가능하다는 점이 아
니라 다만 마르크스주의가 구축한 사회주의와 자본주의 간
의 특정한 대립이 근대성에 내재하는 제약들의 본성을 인식
하는 데에 실패했다는 점일 따름이다. 하이에크F. von Hayek
와 오스트리아 학파가 이미 이런 결함을 지적했음에도 불구
하고 그것은 오랫동안 무시되어 왔다. 그들이 제기하는 논변

의 요점은 사회주의가 현대 경제와 현대 사회가 지닌 복합성과 일치하지 않기 때문에 러시아에서건 다른 어디에서건 성공할 수 없다는 것이다. 연대성, 도덕적 평등, 나눔, 공동체라는 꿈은 전근대적 이상들일 뿐이며, 그것은 개인의 소유권, 상호 의존성, 비인격성, 노동의 전문적 분화, 시장 교환 등에 기초한 사회가 요구하는 속성에는 적합하지 않다는 것이다.

　자본주의를 넘어선 새로운 사회에 대한 마르크스주의의 꿈은 복합성으로부터의 후퇴, 따라서 근대성으로부터의 후퇴를 나타낸다. 볼셰비키들은 복합적인 현대 경제를 다스리는 일이 무엇을 함의하는지를 한 번도 철저하게 생각해 보지 않았으며, 따라서 그들이 고안한 지시 계획 경제는 실제로는 보다 단순한 사회 모델, 즉 경제 전반을 시장을 통해서보다는 중앙을 통해 다스리고 조율하는 사회 모델을 강요하려는 시도를 의미했다. 볼셰비키는 자족적인 농경 공동체로 되돌아가자고 제안하지는 않았으며, 오히려 산업을 유지하고 현대 기술 공학을 계속 발전시키기를 원했다. 그러나 그 결과는 대실패였다. 막대한 인적 비용과 경제적 낭비를 대가로 해서만 발전이 이루어졌던 것이다.

　소비에트 공산주의는 험난한 운명에 대한 정치의 실패, 근대성의 쇠창살에 대항하여 시도해 보았지만 패배를 인정할 수밖에 없는 반역의 전형적인 사례로 거론될 수 있을 것이다. 하지만 그것이 실패한 이유는 정확하게는 여러 제약들에 아랑곳하지 않고 사회를 개조하는 데에 정치적 의지가 지닌 힘에 대한 무모한 확신, 마르크스의 가르침과는 전혀 일치하지 않는 확신에 있었다. 마르크스 자신은 늘 행위 작용이 얼마나 상황에 의해 제약받는지를 강조하고, 새로운 사회 형태가 처음에는 항상 현존하는 사회 내에서 진화되어야 하지 너무 조급하게 어떤 정치적 일격을 통해 강제될 수는 없다고 주장하면서, 소비에트 공산주의와는 다른 방향을 지향했던 것이다. 그렇다면 소비에트 공산주의의 실험이 실패한 것은 현대 사회를 조직하는 방식에 대한 대안이 불가능하다는 점을 우리에게 말해 주는 것이 아니라, 그렇게 하는 데에는 언제나 제약이 있다는 점을 이해하는 것이 중요함을 강조하는 것일 뿐이다.

복합적이고 상호 의존적인 사회에서 효율적으로 경제를 조직화하는 데에 존재하는 이런 제약들 중 가장 중요한 두 가지는 소유권을 포함한 개인의 권리와 탈중심화된 시장이다. 자본주의 경제의 이 핵심적인 제도적 특징들은 정치가 해낼 수 있는 것에 한계를 짓는다. 하지만 이것이 그 한계 내에서 전혀 대안이 존재하지 않는다는 것을 의미하지는 않는다. 자본주의와 사회주의에 대한 대안이 19세기에 구축했던 것과 같은 비현실적인 대안뿐이고 그것을 계속해서 다른 모든 것을 판정하는 표준으로 받아들일 경우에만 대안이 불가능할 것이다. 그러나 그와는 다른 대안들이 정치를 통해 규정되고 조형될 수 있는 가능성은 넓다. 다양한 자본주의가 존재하고, 다양한 제도 장치, 다양한 법체계, 국가의 다양한 역할과 다양한 문화들이 존재한다. 단일한 민족 경제 내에서 조차 단일한 모델만 있는 것은 아니다.

정치는 경제적 관리의 형식들을 빚어내는 데에 핵심적인 역할을 한다. 공적 영역은 경제 현안과 관련하여 보수주의자, 신자유주의자, 사회주의자, 사회 민주주의자, 녹색당원 등등 이 공적 이해 관심에 대해 서로 협의하고 결정하는 데에 핵심적인 공간이 된다. 논쟁의 틀은 몇 가지 핵심 원칙들, 특히 평등, 효율성, 자유, 책임성의 원칙에 입각해서 짜인다. 이 원칙들은 어떤 식으로 경제의 관리가 구성되어야 하는지에 대한 주된 논쟁점들을 제시한다. 시장 질서의 원리가 확고하게 자리 잡은 것은 결코 아니며, 사회주의와 자유주의 내에서 아직 탐구되고 논쟁을 벌여야 할 의제들이 풍부하게 남아 있다. 지시 계획이 불신 받게 되었다고 해서, 평등에 관하여 그리고 그 사회의 모든 시민이 사회생활에 충분히 참여하고 그들의 능력을 최대한 계발할 수 있도록 하기 위해서는 어떻게 해야 사회가 최상으로 조직되겠는가에 관하여 벌어졌던 논쟁이 종결되었다고 생각하는 것은 특히 괴이하다. 시장과 화폐와 노동 분업을 철폐한 중앙 집권적 계획 경제라는 잘못된 유토피아에서 해방되고 나면, 좌파적 사유는 자유롭게 스스로를 개혁하고, 자신의 과거에서 길어낸 더 나은 통찰과 이념들 그리고 평등을 포함한 근대성의 핵심 가치들과 재차 결합할 수 있게 된다.

이 세계에 거대한 이데올로기적 논제가 더 이상 존재하

지 않는다는 생각은 이를 자유주의적 자본주의가 전적으로 지배하는 나라들에 적용해 보면 무척 이상해진다. 그런데 그 생각이 이런 마술 집단 바깥의 아프리카, 아시아, 라틴 아메리카 및 구소련 영토에 남아 있는 막대한 수의 인구와 관련될 경우에는 기상천외하게 된다. 그곳에는 경제적 · 사회적 발전에 관한 큰 논쟁점들이 여전히 완고한 형태로 현존하며, 반면에 이를 해결하는 방향으로 나아가는 진보의 조짐은 거의 없다. 몇몇 경우에는 오히려 발전을 가로막는 장애물들이 더욱 증대되었다. 20세기를 거치면서 부유한 국가와 가난한 국가 사이의 위계질서는 도무지 변하지 않았는데, 이는 자본주의가 보편적 발전에 대한 자신의 약속을 이행하는 데에 실패했다는 사실을 증언한다. 서구 이데올로기가 내건 약속과 그 성취 사이의 간극은 미래에 그에 대한 새로운 도전이 일어나리라는 점을 확실하게 만든다. 남반구의 지속적인 빈곤은 분배와 경제적 · 사회적 조직에 대한 근본적인 문제 제기가 사라지지 않으리라는 것을 확언한다.

세계 시장

근대성에 관한 여러 서사에서 세계 시장은 근대성이 지닌 중심적인 경향들 중의 하나로 제시된다. 자본주의의 역사가 이런 서사들에서 산출해 낸 한 가지 명확한 결실이 있다면, 이는 — 때로는 퇴행과 중단도 있었지만 — 세계 전역을 하나의 상호 연결된 경제로 통합했다는 것이다. 세계화의 과정은 균등하지 않았으며, 이러한 상호 연결들 중 상당수가 어느 지역에서는 다른 지역보다 훨씬 더 광범위하고 훨씬 더 심도 있게 발전했다. 그리고 여전히 몇몇 구역은 세계화의 영향을 거의 받지 않았다. 그렇지만 몇 세기를 거치면서 세계 시장은 점차 현실이 되었다.

세계 시장과 더불어 그 시초부터, 비록 속도는 조금 더디지만, 세계 시민 사회와 세계 정치 체제가 함께 발전했다. 여러 형태의 세계화에 관한 새로운 담론들이 세계화로 향하는 모든 경향들을 세계 시장으로 융합시키고자 애쓴다. 세계 시장은 가차 없는 사회적 진행 과정의 현시로 제시되는데, 이 사회적 진행 과정은 오직 한 방향으로만 향해 있으며, 모든 나라와 모든 개인이 그것을 자신의 운명으로 받아들이고 굴복할 것을 요구한다. 정치와 그것의 모든 형식은 불필요한 잉여가 된다.

그러나 이데올로기의 종말에 관한 서사들과 마찬가지로 이 서사들 역시 특정한 정치적 선택을 표현하고 또 정치적 수단에 의해 유지된다. 세계 시장의 본성과 그것의 장래 발전에 관한 논쟁이 이제 종결되어야 하는지 아니면 비로소 활짝 펼쳐져야 하는지가 실은 논쟁거리이다. 우리가 맞이한 새로운 세기에 세계 시장의 미래는 정치의 핵심 문제이다. 세계 시장은 정치의 외부에 존재하는 것이 아니라 정치와 정치적 선택에 의존한다.

　세계 시장의 발전에 관한 신자유주의적 설명에 대해 과거에는 마르크스주의가 그 주요 대안이었다. 정치적 환상을 제거하고 난 마르크스주의적 서사는, 세계 자본주의의 진화에 대해 그것이 수세기 동안 발전해 왔고 이제야 막 원숙한 단계와 그 최대 능력을 전개하기 시작한 사회적·경제적 체계라는 독특한 통찰을 제공해 준다. 세계 자본주의의 진화는 자본의 경쟁적 축적에 의해 추동되는데, 이러한 점이 그것의 역동성과 비균등성을 둘 다 설명해 준다. 세계 자본주의는 상이한 지역에서 상이한 시간에 급등과 위기를 거치면서 발전한다. 발전을 가로막는 정치적·문화적·경제적 방해물들이 계속 출현한다. 새롭던 생산 양식이 곧 일상화되어 경쟁에서의 이점을 상실하게 되고, 완고함과 경직성이 특정한 시장과 제도에서 발생하게 된다. 하지만 모든 생산 유형과 자원 및 노동의 특정한 공간적 배치 유형은 일시적일 뿐이라는 점이 밝혀진다. 조만간에 둑이 무너지게 되고, 자신을 재생산하고 새롭게 성장할 기회를 찾는 자본은 그런 기회를 발견하게 된다. 낡은 유형들은 뒤처지게 되다가 결국에는 그것을 유지하기가 불가능하기 때문에 붕괴되고 만다. 국가가 보조금을 통해 한 동안이라도 낡은 유형들을 유지시키려고 시도할 수 있지만, 결국은 보조금도 축소될 수밖에 없다. 이런 창조적 파괴의 과정이 새로운 기술 공학, 새로운 조직 형태, 새

로운 시장, 새로운 수요를 현존하게 만드는 수단이었다. 그리
고 공간 확대의 기회가 자본의 수익성을 유지하고 증가시키
기 위해 발견한 주요 수단 중 하나였던 것과 마찬가지로 이
런 창조적 파괴의 과정은 세계 시장을 점진적으로 구축하는
수단이었다.

　그러나 경쟁이 고용과 기존의 투자에 가하는 충격을 완
화시키기 위해 사양 산업을 보조한다거나 아니면 국내 경제
를 세계 경쟁의 요구에 좀 더 부합하도록 만들기 위해 정비
한다거나 하면서 정치의 역할이 전적으로 반동적인 듯이 보
이게 된 이후로, 마르크스주의적 서사는 신자유주의적 서사
못지않게 인간의 행위 작용에 대해 상당히 암담한 메시지를
담고 있다. 어떤 경우이건 모든 동력과 모든 창의력은 자본
축적의 과정 자체에서 나오고, 이에 대해 국가는 점점 더 무
력해 보인다. 1914년 이후 보호 무역주의와 지역권地域圈의
시기처럼 세계 시장이 파편화되었을 때에만 일시적으로 국
가는 강력해 보인다. 사회 민주주의적 운동이 복지 프로그램
이나 고용 보호나 그 밖의 사회적 조처들을 확립하는 데에
성공했을 때처럼 자본에 대한 국지적인 승리는 오래지 않아
위협받게 된다. 왜냐하면 세계적 경쟁 속에서 다른 시기가
오면 그런 정책은 더 이상 감당할 수 없는 것처럼 보이게 되
며, 자본이 더 이상 부담하려 하지 않고 생산을 다른 곳으로
재배치하도록 유도하는 과도한 비용이 되기 때문이다. 그렇
게 되면 국가가 고용과 수익성을 유지하기 위해 스스로 이런

조치들을 번복하도록 만드는 국내의 정치적 압력이 증가하게 된다.

격화된 세계 경쟁의 시대에 "절하 경쟁race to the bottom"이 조장됨으로써 사회 민주주의 정권의 토대가 침식당한 것은 자본 축적의 과정이 보여 주는 일반적인 경향이 불균등할 뿐만 아니라 사회 양극화와 사회적 배제의 심화를 함축하고 있다는 것의 증거로 종종 거론된다. 고도로 숙련되고 매우 안정된 경제 부문에 진입하지 못하는 과잉 인구가 생겨나는데, 이들은 모두 국외자로 방치되거나 저임금 서비스 직종에 고용된다. 세계 시장에서 빈부의 차는 오늘날 그 어느 때보다도 강고하며, 지역 간·국가 간의 격차 그리고 한 국가 안에서도 부문 간·집단 간의 격차가 메워지지 못한 채 오히려 더 늘어나고 있는 것으로 보인다. 사람들은 이렇게 해로운 결과가 생긴 원인을 경쟁적인 자본 축적 자체에서 찾기도 하지만, 그 결과를 고려하지 않고 자유 시장을 전 세계에 강제하려는 신자유주의적 기획의 추구로 이를 설명하기도 한다. 신자유주의는 완전 시장을 보장하기 위해 모든 지방적·지역적 제도의 차이를 말살시키려는 프로그램과 결합되어 있는 것으로 간주된다. 세계 시장의 정회원이 되는 대가로 서구 제도의 단일한 청사진이 전 세계에 강제되어야 한다는 것이다. 이런 실험은 많은 국가에서 입증되었듯이 높은 비용을 요구한다. 러시아에서 그 결과는 특히 참혹했다. 20세기에 서구의 실험의 대상이 된다는 것은 그것만으로도 좋지 않은 일이었다. 하물며 두 가지 실험의 대상이 된다는 것은 지독하게 운이 나쁜 일일 것이다.

　신자유주의는 세계를 특정한 방식으로 구축하는 이데올로기적 서사이다. 신자유주의가 세계를 어떤 방식으로든 마음대로 구축할 수 있는 것은 아니며, 그것이 현실에 뿌리박고 있는 만큼 신자유주의는 세계 시장을 조형하는 제약들을 최소한 어느 정도는 정확하게 이해하고 있다. 신자유주의는 수익성이 더할 나위 없이 중요하며, 자본의 비용을 최소화하고, 자본의 운용을 저해하는 모든 방해물을 제거해야 할 필요가 있다는 것을 이해하고 있다. 신자유주의는 자본이 시민 사회와 국가에서 사회적·정치적 뒷받침을 받고 있다는 점을 무시하면서, 완전히 유동적이고 그 어떤 구속으로부터도 자유롭고자 하는 자본주의의 이상을 표현한다. 이처럼 자본이 어디에 포섭되거나 속박받기를 싫어하는 것은 자본주의가 하나의 경제적·사회적 체계로서 작동하는 방식의 결정적인 일면을 반영한다. 이에 대한 비판은 자본이 무엇엔가 포섭되어 있을 수밖에 없다고 올바로 지적한다. 어떤 식으로든 자치적이고 사회적·정치적 제도상의 어떠한 지원도 필요로 하지 않는 자본 축적이란 관념은 아주 널리 환대받기는 하지만 환상에 불과하다. 그러나 개별 자본에게는 그것이 환상이 아니다. 무임승차의 기회나 비용 전가의 기회는 늘 매력적이기 마련이다. 신자유주의는 개별 자본과 민족 국가가 경쟁자들보다 싼 값으로 팔 수 있도록 비용을 최소한으로 줄

이려는 강한 동인을 갖는다고 주장하면서 이런 논리를 완고
한 형태로 표현한다.

하여튼 세계화는 정부가 채택할 수 있는 유일한 정책으
로서 신자유주의적 정책을 강요한다고 상정하는 것은 오류
이다. 그렇게 하는 것은 민족 국가와 그 밖의 모든 정치적 기
관들이 세계화에 의해 약화되어서 이제는 세계화의 논리에
완전히 종속되었다고 인정하는 것이다. 신자유주의는 실은
여러 선택지 중 하나의 정치적 선택을 나타낼 따름이다. 신
자유주의의 한 형태는 일국 내의 신자유주의를 주장한다. 즉,
모든 국내 제도를 세계화의 요구에 가능한 한 적합하게 만드
는 데에 민족 주권을 이용할 것을 주장한다. 또 다른 형태는
신자유주의가 세계 시장을 정치적 간섭으로부터 자유롭게
신자유주의적 원칙에 따라 운영하는 것을 임무로 갖고 있는
초국가적 제도나 기구들과 협조하여 세계적 수준에서 작동
할 때 가장 효율적이라고 본다. 첫 번째 형태는 여러 우파 정
당의 민족주의적 프로그램인데, 이들 정당은 (과거에 자주 그
러했듯이) 또한 "공정 무역"이라는 표어 아래 보호주의적으
로 될 수 있다. 만일 세계 시장에서 다른 국가가 규칙을 어긴
다면 신자유주의적 국가는 그에 대해 보복할 권리를 갖게 된
다는 것이다. 두 번째 형태는 "정치인의 시험"인 세평을 중시
하는 중앙 은행원과 기술 관료들의 꿈이다. 신자유주의적 민
족주의자들은 기질적으로 고립주의자이다. 그들은 민족 주
권의 원칙을 굳건히 믿고, 국가가 자치적으로 유지되어야 한

다고 믿는다. 다른 국가와의 협력은 정부 사이의 일이지 초민족적인 일이어서는 안 된다. 주권은 공동의 것이 될 수 없으며 포기되어서도 안 된다.

이와는 다른 선택을 할 수도 있는데, 이를테면 문명에 바탕을 두거나 그 지역의 경제적 이해 관심에 바탕을 둔 지역권地域圈을 창조하는 것이다. 그런 권역은 언제나 하나의 핵심 국가를 필요로 하는데, 이 핵심 국가는 다른 권역들로부터 인정받은 관할권과 개입의 권리를 행사하는 영향권을 수립한다. 1930년대에 지역권이 생겨난 것은 국제 금융 제도의 붕괴에 뒤따른 것이었으며, 국가가 자신의 경제에서 고용과 산출을 보호하기 위한 방어적인 반응이었다. 지도 국가가 자신의 영향권 내에서 영토와 자원에 대한 통제를 공고히 하려는 시도가 국제적인 긴장을 초래하고 전쟁의 원인이 되기는 했지만, 처음에는 여러 국가가 지닌 팽창 의도를 조정하려는 시도도 있었다. 이와 유사하게 오늘날 각 영향권이 문명에 바탕을 두어야 한다는 주장은 세계 질서가 각 문명의 지도 국가들 사이의 상호 이해에 기초해야 하며, 지도 국가들은 다른 문명에 속한 국가의 내부 사안에 간섭해서는 안 된다고 제안한다.

이런 태도는 세계 시장의 새로운 파편화를 받아들이면서, 세계화가 민족 간의 반목을 해소하고 민족 국가를 넘어선 새로운 세계 시민적 세계 질서를 창조할 수 있는 역량을 지니고 있다는 주장을 거부한다. 그것은 세계 시장을 다스리기 위해 이제 막 태어난 제도들을 아무 정당성도 없고 여타 세계의 동의도 이끌어 내지 못하는 지배적인 서구 권력들이 강요한 것으로 본다. 세계를 일단의 단일한 규범과 가치에 복속시키는 것은 강압에 의해서만 성취될 수 있으며, 그렇게 하려는 시도는 격렬한 저항에 부딪치게 될 것이다. 잘못된 보편주의 대신에, 세계 질서는 차이의 인정과 상호 존중 그리고 상이한 문화와 정치 체제의 불가통약성에 기초를 두어야 할 것이다.

이런 견해는 분명 정치의 회귀, 세계의 새로운 정치적 질서화, 세계 시장에 정치적 우선권과 선택을 재편하여 부과하려는 시도를 나타낸다. 그러나 비록 이 견해가 몇 가지 중요한 통찰을 내포하고 있고 세계 시민적 질서라는 이념이 상정하고 있는 꽤 순진한 가정들에 대해 유효한 비판을 제공해 주지만, 그것은 분석과 처방에서 심각한 결함을 안고 있다. 그것은 약동하는 새로운 정체성의 정치나 동지와 적의 새로운 집합을 창조한다. 하지만 그것은 변혁적 질서의 정치와 아무 연결 고리도 없고, 국가와 경제와 사회가 어떻게 구성되는지에 대해 아무런 새로운 생각도, 그것이 어떻게 다스려지는지를 규정하는 어떠한 원칙과 규범과 규칙도, 또 개인이 그 안에서 선택을 할 수 있도록 해주는 어떠한 틀도 제안하지 않는다. 만일 세계화론자들이 주장하는 세계 시민적 질서와 문화주의자들이 주장하는 자기 내포적 문명이 우리에게 남아 있는 유일한 정치적 선택이라면, 미래는 무척 암담할 것이다.

그러나 이에 대한 대안이 있다. 민족 국가와 지역의 중요성을 명시하는 것이 그것들을 자유 시장 민족주의자나 문화주의자들이 상정하는 고립주의적인 용어로 새겨야 한다는 것을 의미할 필요는 없다. 폐쇄적 권역이 아니라 세계 시장에 참여하는 더욱 광범위한 형식으로 인도하는 지역주의적 기획을 어떻게 발전시킬 수 있을 것인가 하는 개방적 지역주의open regionalism의 개념이 근래에 관심을 끌고 있다. 개방적 지역주의는 배타적이지 않다. 화폐 통합이나 공동 시장의 구축은 이를테면 세계무역기구 같은 기관을 통해 무역 협력을 증진시키기 위한 세계적인 토론에 참여하는 것을 배제하지 않는다. 개방적 지역주의는 세계 시장을 다스리는 제도들을 개선하고 정치적 선택과 논쟁이 이루어지도록 보장하는 가능성을 창조한다. 현재로서는 지역주의가 세계 시장에서 매우 불균등한데, 예를 들면 아프리카보다 유럽에서 훨씬 더 발전되어 있다. 그러나 지역 협력을 형성하는 일은 정치와 경제에 의해 조형되는 세계 질서의 형식들을 창조하는 본질적인 첫걸음이다.

이 문제가 지닌 규모를 강조할 필요가 있다. 세계 시장과 세계 시민 사회를 향해 나아가도록 우리에게 압력을 가하는 초국가적 힘들은 상당히 발달되어 있다. 그러나 이런 초국가적 발전을 규제하고 질서를 부여할 수 있는 역량을 갖춘 초국가적인 공적 영역과 기구들의 구축은 그보다 훨씬 뒤쳐져 있다. 세계무역기구나 국제통화기금이나 세계은행 같은 현재의 조직체들이 부적합하다는 점은 최근에 명백히 드러났다. 정치가 충분한 효력을 지니기 위해서는 결정이 구속력을 지닌 것으로 수용될 수 있도록 잘 정착된 규칙을 필요로 한다. 우리가 직면한 가장 큰 도전 가운데 하나는 세계 시장 내의 엄청난 불균형과 불균등 그리고 지구 생태계에 대한 위협과 맞서 싸우기 위해 정말로 포괄적인 적절한 공론장과 기구들을 발전시킬 수 있는가 하는 것이다. 이것이야말로 정치적인 문제들이다. 이것은 정치 이외의 다른 방법으로는 해결할 수 없으며, 그것과 견주어 보면 우리가 과거에 직면했던 문제들 대부분이 작게 여겨진다. 이런 상황에서 정치가 종말에 다다랐다는 생각은 조금 시기 상조로 보인다.

기술 공학적 국가

종말론을 논하는 저술들이 그려 내는 우리 현시대의 운명에 대한 세 번째 전망은 기술 공학의 가차 없는 행진과 그것을 통제할 수 있는 우리의 역량을 기술 공학이 추월하고 있는 방식에 관한 것이다. 웰스H. G. Wells는 어떻게 과학 자체가 파멸의 주요 동력 기관으로 전화되는지를 제대로 상상할 수 없었음에도 불구하고 일찍이 근대를 교육과 파멸 사이의 경주라고 불렀다. 인간이 그 결과를 감당하며 살 수 있도록 해주는 새로운 제도들을 개발하기에는 그 복잡성이 너무도 빨리 커지는 탈주脫走의 세계는 20세기가 진행되는 동안 그 의미가 매우 강해졌다. 근대적 형태의 권위가 등장함으로써 모든 종류의 전통적 권위가 도전을 받게 되었지만, 이번에는 다시 근대적 형태의 권위가 그 정당성을 상실할 위험에 처하게 되었다. 권위의 위기는 전통적 형태의 권위 못지않게 근대적 형태의 권위마저 집어 삼킬 만큼 확산되었다. 탈근대성이 근대성의 뒤를 이었지만, 탈근대성에는 아무런 근거 기반도, 아무런 객관적 표준도, 아무런 고정점도 없으며, 무엇보다도 아무런 보편주의도 그리고 구성되지 않고 상대적이지 않은 어떠한 지식도 존재하지 않는다.

근대에 수립된 기존의 진리에 대한 극단적인 비판과 해체를 추구하면서 포스트모더니즘은 과거에 다른 여러 극단적인 비판들이 수행했던 것과 유사한 역할을 수행한다. 그런데 전제된 가정과 논변의 논리를 폭로하는 데에는 극단적인 비판이 매우 효과적이지만 그 자체로는 불충분하다. 그것은 실천 이성의 새로운 틀을 세우지 않는다. 포스트모더니즘이 단지 비판의 수준에 머무른다면, 그것은 범람하고 있는 근대론의 과정과 관련해서 무엇을 해야 하는지에 대해 아무런 지침도 제공해 주지 못한다. 세계 시장과 산업적 기술 공학 체계는 허구가 아니라 모든 사람의 삶의 맥락을 조형하는 과정들이다. 이런 과정들이 우리가 마음에 품고 있는 다른 어떤 구성물 이상의 진리와 권위를 지니지 못하는 단지 주관적인 구성물에 불과하다고 말하는 것은 그리 위안이 되지 못한다.

포스트모더니즘은 거대 서사가 존재하지 않는다고 주장하는 마지막 거대 서사를 제공한다. 포스트모더니즘은 근대성의 교설이 스스로 보편주의라고 자임하는 것을 비웃지만, 어떤 형태의 지식도 권위 있는 것으로 간주할 수 없다고 거부한다는 점에서 포스트모더니즘은 그 자체가 보편주의적이다. 포스트모더니즘이 정지整地 작업으로서는 어느 정도 가치가 있을 수 있지만, 이 또한 근대성이 던져 놓은 논제들과 씨름하는 실질적인 실천적 정치를 발전시키려고 노력하는 한에서만 그러하다. 과학, 관료주의, 세계 시장 같은 근대성의 잘 알려진 쇠창살은 단지 본질주의적 서사들을 해체한다고 해서 사라지지 않는다. 기술 공학적 국가는 계속 인간사를 지배하며 해결을 요구하는 문제들을 만들어 내고 있는 것이다.

탈근대론적 담론 내에서도 다양한 접근이 시도되었다. 그 첫 번째는 무엇인가를 실제로 할 수 있거나 해야 한다는 것을 부인하는 것이다. 그것은 세계가 통제 불능일 뿐만 아니라 돌이킬 수 없을 만큼 그러하며, 정치적 행위나 개입은 아무 가망이 없다는 점을 받아들이고 정치로부터 물러날 것을 권유한다. 자기 자신의 일에나 신경을 쓰고 공적인 사안은 거리를 두고 구경거리로 관찰하는 것이 훨씬 낫다는 것이다. 현시대의 인간 조건에 대한 이런 짙은 운명론은 현재 널리 퍼져 있다. 그것은 공적인 것과 정치적인 것의 영역 또는 모든 종류의 공적인 책무 내지 공동의 책무에 대한 전적인 거부를 나타낸다. 스스로는 이 사실을 부인하려고 애쓰지만, 그것은 다른 어떤 입장 못지않게 그 나름의 매우 뚜렷한 공약을 지닌 하나의 정치적 입장이다.

두 번째 접근은 권위의 전통적인 원천을 부활시키고 거기에다 새로운 생명을 불어넣음으로써 과학과 이성의 권위에 대한 신뢰가 약해지는 문제를 처리하려고 하는 것이다. 이런 종류의 다양한 근본주의는 근대성이 내세우는 보편주의를 거부하고 근대성이 파묻으려고 했던 가치와 교설들을 찬양한다. 이렇게 하는 것은 여러 집단에게 정착의 닻을 제공해 주고, 그들의 운동과 캠페인에 개인적으로나 정치적으로 깊이 헌신할 수 있는 계기를 제공해 준다. 하지만 그런 근본주의는 대부분의 경우에 낮은 발전 단계의 상태에서만 번창하는 것으로 보인다. 그리고 심지어 이런 상태에서도 일반적으로 강압이 요구된다. 복합적인 경제와 사회에서는 그런 근본주의가 대다수의 지지를 이끌어 낼 능력을 지니지 못한 것으로 보이며, 설사 그런 능력을 지니고 있다 할지라도 강압에 의지하지 않고서는 해결책을 제공하지 못할 것이다.

근대론적 교설들이 지녔던 낡은 확실성은 영원히 사라졌고, 사람들은 보편주의의 한계를 그 어느 때보다도 더 잘 이해하고 있다. 그러나 정당성을 가진 형태의 권위를 발견해야 할 필요성은 복합 사회에서 정책을 고안하는 데에 결정적인 문제로 남는다. 과학과 기술 공학이 산업적으로 응용됨으로써 생겨난 대부분의 문제들과 세계 시장이 안고 있는 대부분의 문제들은 자연계와 사회 체계에 대한 우리의 지식을 보다더 발전시킴으로써만 맞서 싸울 수 있다. 이런 딜레마를 모면할 수 있는 길은 없다. 하지만 이 딜레마가 둘 다 똑같이 폐쇄적인 산업적 이해 관심이나 상업적 이해 관심과 밀접한 동맹자이면서 무책임하기까지 한 기술 공학적 국가의 공고화로 귀결되어서는 안 된다면, 새로운 형태의 정치를 개발하는 것만이 그 유일한 해결책이다. 앞서의 다른 예들과 마찬가지로 이를 권력의 차원에 내맡기는 것으로는 충분치 않을 것이다. 새로운 규칙과 새로운 제도를 창조하고 모든 사람의 삶에서 과학이 지닌 중요성을 인정하는 새로운 정체성을 주조하는 변혁적 정치가 존재할 필요가 있다. 공적 이해 관심에 관한 논쟁을 해결하는 데에 과학을 핵심적인 조정자로서 확고하게 만들 수 있고 또 동시에 책임성에 대한 새로운 표준을 고수하며 새로운 제도를 창조할 때 개방성을 고수하는 정치가 필요하다. 권력, 정체성, 질서라는 세 가지 차원에 기초한 공적 이해 관심의 정치는 일정한 형태의 권위를 이용할 수밖에 없다. 그러나 그것은 또한 공적 공간과 규범들 그리고 특정한 종류의 지식이 권위 있는 것이라고 인정받을 수 있도록 해주는 절차들을 창조하면서 자신이 이용하는 권위의 형태를 확립하는 데에 중요한 부분을 담당한다. 이런 과정은 구불구불하고 여러 번 좌절할 수도 있다. 그렇지만 그것은 민주주의의 필수불가결한 한 부분으로 남게 되고, 그것의 필요성은 더 늘어나면 늘어나지 줄어들지는 않는다. 그것은 때때로 기술 관료와 전문가들에 의한 통치로 묘사되고, 따라서 반反민주적인 것으로 묘사되기도 한다. 그리고 그것이 민주주의적 과정과 분리되면 정말로 그렇게 될 수도 있다. 그러나 공적 이해 관심의 정치는 전문가의 의견을 정치적 용어로 정당화할 수 있는 방법을 찾아야 한다. 이는 전문가의 의견에 대해 불편부당성과 독립성과 책임성이라는 규범에 의거하여 그 타당성을 입증하는 것을 의미한다.

정치의 미래

지구와 인류가 직면하고 있는 문제들과 비교해 볼 때 정치가 지닌 역량은 애처로울 만큼 불충분한 듯이 보인다. 불평등과 빈곤의 원인과 맞서 싸우거나 자원과 기회의 재분배를 매우 조심스럽게 수행하는 데에도 이를 방해하는 심층 구조의 장애들이 있다. 세계 시장의 발전은 제도적 관리 형태가 이룩한 발전을 앞질렀다. 세계 시장의 발전을 저지할 수 있는 지점은 없다. 그러나 정치적 발전이 세계 시장의 발전을 확실하게 따라 잡을 수 있도록 노력해야 할 갖가지 이유가 있다. 정치적인 것의 영역을 보존하고 확대시키며 초국가적인 공

적 영역을 창조하는 일은 세계 시장을 다스리는 방법을 개선
할 수 있는 가망성의 조건이다. 물론 그것이 그런 개선을 보
장해 주지는 않는다. 그러나 그것은 그런 개선이 가능해지는
공간을 만들어 낸다. 그것이 실현될 것인지 아닌지는 정치적
참여의 새로운 형식과 정보 및 지식의 광범위한 보급이 출현
하는가에 달려 있다.

　세계가 직면한 가장 중요한 논제 가운데 하나는 초국가
적 관리라는 문제이다. 즉, 국가의 권력과 이해 관심 그리고
이미 강력한 힘을 가진 이해 관심을 강화시키는 규칙들을 방
어하기보다는 모든 지역과 모든 사람을 포함한 지구와 인류
가 직면하고 있는 많은 문제들에 대한 공동의 해결책이 나올
수 있도록 하는 방법을 발견할 수 있는가의 문제이다. 관리
가 효과적이려면 초국가적으로 되어야 한다. 낙관론보다는
비관론을 지지하는 많은 이유들이 있지만, 종말론을 논하는
저술들 대부분에서 발견되는 주장들은 그런 이유가 되지 못
한다.

　종말론은 그 가정에 있어서나 그 결론에 있어서나 막다
른 종착점이다. 정치가 종말에 도달하기는커녕 세계 시장에
필적하는 포괄적 세계 민주주의를 위한 진정한 투쟁이 이제
막 시작되었을 뿐이다. 평등이 사망하기는커녕 정책을 판단
하는 데에 지금만큼 유의미한 적은 없었다. 정치적 선택은
무척 엄혹해지고 있다. 우리는 고립주의와 근본주의를 선택
할 수도 있다. 아니면 우리는 현대 세계를 창조하는 데에 민

주주의와 과학과 자본주의가 지닌 중요성을 인정하고, 이것들의 결함과 더불어 그 혜택도 인식하며 우리 모두에게 미래를 보장해 줄 수 있을 변혁적 정치 체제를 건설하는 더디고도 수고스러운 작업을 지속하면서 근대성과 계속 씨름할 수도 있다. 이와 다르게 행위하는 것은 비참한 운명에 굴복하고 마는 것이리라.

참고문헌

Anderson, Perry, *A Zone of Engagement* (London: Verso, 1992).

Anderson, Perry, *The Origins of PostModernity* (London: Verso, 1998).

Arendt, Hannah, *The Human Condition* (Chicago: University Press, 1958).

Arrighi, Giovanni, *The Long Twentieth Century* (London: Verso, 1994).

Bauman, Zygmunt, *In Search of Politics* (Cambridge: Polity, 1999).

Beck, Ulrich, *Risk Society* (London: Sage, 1992).

Bell, Daniel, *The End of Ideology* (New York: Free Press, 1960).

Berger, Peter and Luckmann, Thomas, *The Social Construction of Reality* (Harmondsworth: Penguin, 1967).

Bobbio, Norberto, *Left and Right: The Significance of a Political*

Distinction (Cambridge: Polity, 1996).

Bohman, James and Rehg, William (eds), *Deliberative Democracy* (Cambridge: MIT, 1997).

Castells, Manuel, *The Rise of the Network Society* (Oxford: Blackwell, 1996).

Castells, Manuel, *The Power of Identity* (Oxford: Blackwell, 1997).

Castells, Manuel, *End of Millennium* (Oxford: Blackwell, 1998).

Cerny, Philip, *The Changing Architecture of Politics* (London: Sage, 1990).

Coates, David, *Models of Capitalism: Growth and Stagnation in the Modern Era* (Cambridge: Polity, 2000).

Cox, Robert, *Approaches to World Order* (Cambridge: CUP, 1996).

Crick, Bernard, *In Defence of Politics* (Harmondsworth: Penguin, 1964).

Dryzek, John, *Discursive Democracy: Politics, Policy and Political Science* (Cambridge: CUP, 1990).

English, Richard and Kenny, Michael, *Rethinking British Decline* (London: Macmillan, 2000).

Flathman, Richard, *The Public Interest* (New York: Wiley, 1966).

Fukuyama, Francis, "The End of History," in *The National Interest* 16 (Summer 1989), 3-18.

Fukuyama, Francis, *The End of History and the Last Man* (London: Hamish Hamilton, 1992).

Gamble, Andrew, *Hayek: The Iron Cage of Liberty* (Cambridge: Polity, 1996).

Gamble, Andrew and Kelly, Gavin, "The New Politics of Ownership," in *New Left Review* 220 (November/December 1996), 62-97.

Gamble, Andrew and Payne, Anthony (eds), *Regionalism and World Order* (London: Macmillan, 1996).

Gibbins, John and Reimer, Bo, *The Politics of PostModernity* (London: Sage, 1999).

Giddens, Anthony, *The Consequences of Modernity* (Cambridge: Polity, 1990).

Giddens, Anthony, *Beyond Left and Right* (Cambridge: Polity, 1994).

Good, James and Velody, Irving, *The Politics of Postmodernity* (Cambridge: CUP, 1998).

Gray, John, *Enlightenment's Wake: Politics and Culture at the Close of the Modern Age* (London: Routledge, 1995).

Gray, John, *False Dawn* (London: Granta, 1998).

Hall, Stuart and Jacques, Martin (eds), *New Times: The Changing Face of Politics in the 1990s* (London: Lawrence and Wishart, 1989).

Halliday, Fred, *Revolution and World Politics* (London: Macmillan, 1999).

Held, David, *Democracy and the Global Order: From Modern State to Cosmopolitan Governance* (Cambridge: Polity, 1995).

Held, David, McGrew, Anthony, Goldblatt, David and Perraton, Jonathan, *Global Transformations* (Cambridge: Polity, 1999).

Hirschman, Albert, *The Rhetoric of Reaction* (Cambridge: Harvard University Press, 1991).

Hirst, Paul, *Associative Democracy: New Forms of Economic and Social Governance* (Cambridge: Polity, 1994).

Hirst, Paul and Thompson, Grahame, *Globalization in Question* (Cambridge: Polity, 1996).

Hoogvelt, Ankie, *Globalization and the Postcolonial World: The New Political Economy of Development* (London: Macmillan, 1997).

Huntington, Samuel, *The Clash of Civilizations and the Remaking of World Order* (New York: Simon and Schuster, 1997).

Kumar, Krishan, *From Post-Industrial to Post-Modern Society: New Theories of the Contemporary World* (Oxford: Blackwell, 1995).

Laclau, Ernesto and Mouffe, Chantal, *Hegemony and Socialist Strategy* (London: Verso, 1985).

Laclau, Ernesto, *New Reflections on the Revolution of our Time* (London: Verso, 1990).

Lash, Scott and Urry, John, *The End of Organized Capitalism* (Cambridge: Polity, 1987).

Macintyre, Alasdair, *After Virtue: A Study in Moral Theory* (London: Duckworth, 1985).

Marcuse, Herbert, *One Dimensional Man* (London: Routledge, 1964).

Marquand, David, *The Unprincipled Society* (London: Cape, 1988).

Marquand, David, *The New Reckoning: Capitalism, States and*

Citizens (Cambridge: Polity, 1997).

Mulgan, Geoff, *Politics in an Antipolitical Age* (Cambridge: Polity, 1994).

Mulgan, Geoff (ed.), *Life After Politics: New Thinking for the Twenty-First Century* (London: Fontana, 1997).

Oakeshott, Michael, *Rationalism in Politics* (London: Methuen, 1962).

Ohmae, Kenichi, *The End of the Nation-State* (London: Harper Collins, 1995).

Pierre, Jon (ed.), *Debating Governance: Authority, Steering and Democracy* (Oxford: OUP, 2000).

Pierson, Christopher, *Hard Choices: The Politics of Social Democracy in the Twenty-First Century* (Cambridge: Polity, 2000).

Putnam, Robert, *Making Democracy Work: Civic Traditions in Modern Italy* (Princeton: University Press, 1993).

Rorty, Richard, *Contingency, Irony and Solidarity* (Cambridge: CUP, 1989).

Ruggie, John, *Constructing the World Polity* (London: Routledge, 1998).

Russell, Bertrand, *Political Ideals* (London: Allen and Unwin, 1963).

Schedler, Andreas (ed.), *The End of Politics: Explorations into Modern Antipolitics* (London: Macmillan, 1997).

Schmitt, Carl, *The Concept of the Political* (Chicago: University Press, 1996).

Spengler, Oswald, *The Decline of the West* (London: Allen and Unwin, 1932).

Turner, Bryan, *For Weber: Essays on the Sociology of Fate* (London: Sage, 1996).

Walzer, Michael, *Spheres of Justice: A Defence of Pluralism and Equality* (Oxford: Blackwell, 1983).

Weber, Max, "Politics as a Vocation," in H. Gerth and C. Wright Mills (eds), *From Max Weber: Essays in Sociology* (London: Routledge, 1948).

Williams, Roger, "Technical Change: Political Options and Imperatives," in *Government and Opposition* 28: 2 (1993), 152-173.

Wolin, Sheldon, *Politics and Vision* (Boston: Little Brown, 1960).

찾아 보기